結婚する子どものために親がすること、できること

ウエディングプランナー 岡村奈奈

日本文芸社

はじめに

お子様の結婚を控えられた、お父様お母様
おめでとうございます。

この貴重なタイミングにこの本を手にとってくださり
ありがとうございます。

結婚は「家族」のかたちを新しくします。
新しい結びつきだけでなく
これまでの家族のあり方や価値観に
気づきや変化をもたらすこともあります。

結婚・結婚式という機会に、子どもたちは
はじめて、親の結婚式の話を聞いたり、
はじめて、親のよそいきの顔や涙を見たり、
「そんな顔して笑ったりするんだ！」と驚いたりします。

結婚する前の親のこと、家族の歴史、

自分がどんなふうに育ったかを知った子どもたちは
「ふーん」といいながら
きっと、ドキドキしたり感動したりしていることでしょう。

親は子どもの、
どんな顔、どんな一面を知ることになるのでしょうか。

この本には、リアリティとマナーを2本の柱として
情報とアイディアをつめこみました。

「ケースバイケース」の時代だからこそ、
できるだけ明快で具体的な表現をめざしました。

親子にとって、その日、そのときが
いつまでも思い出したくなる素敵なものになるように
心からお祈りし、応援しています。

ウエディングプランナー　岡村 奈奈

もくじ

第2章 結婚準備から結婚式まで

第3章 結婚式・披露宴当日

第4章 親と子それぞれの新生活

序章

婚約から新生活までの親子のスケジュール

子どもが「結婚したい」と相談してから、婚約、結婚式、新生活と進むスケジュールを、まずは理解しておきましょう。

細かい予定は家によって異なるので、「わが家の場合」のスケジュールを書きこんでおくとよいでしょう。

挙式　6カ月以上前

わが家の場合

／　～　／

子どもの準備

両親に結婚の意思を伝える

両親に交際相手を会わせる

双方の実家訪問

● 実家訪問 相手を迎える場合 ▼P.36

● 実家訪問 相手宅に送り出す場合 ▼P.38

親の参加ポイント

子どもと話し、意思を確認

● 子どもが結婚したいといったら ▼P.28

交際相手と会う

● 子どもの交際相手に会うとき ▼P.30

わが家の場合 MEMO

Point! 招待したいゲストの人数によって、場所や会場の大きさ、予約できる日取りも変わってきます。さらには、結婚式・披露宴のスタイルにも影響します。
子どもたち主導で考えますが、親族間の慣習や、どうしてもしてほしいこと、招待したい人などは親も早めに意見しておきましょう。

Point! 親世代ではなじみのある「仲人・媒酌人」ですが、最近では立てた人はわずか１％。理由として約90％が「とくに必要を感じなかった」と答えています（ゼクシィ　結婚トレンド調査 2017　調べ）。
いまどきは「仲人・媒酌人のいる結婚式」が少数派といえます。どうしてもという人がいなければ、お願いする必要はありません。

婚約のスタイルを考える
- 婚約のスタイルを考える ▼ P.40

仲人・媒酌人の依頼を考える

挙式・披露宴の有無、スタイルを考える

子どもにアドバイス
- 結婚準備の基本 ▼ P.62

結婚式のゲスト、日取り、予算、イメージを考える
- ゲストを考える ▼ P.64
- 日取りを考える ▼ P.66
- 結婚式・披露宴のスタイルを決める ▼ P.68

結婚費用について話し合う
- 結婚式・披露宴費用の援助 ▼ P.72

Point! 結婚式・披露宴のイメージが見えてきたら、費用や予算計画もこの時点で話し合っておきましょう。親は援助するのか、援助する金額はどのくらいか、大事なことなので、日常の会話のなかではなく、改めて話す場を設けるほうがよいでしょう。

挙式　6～3カ月前

わが家の場合

／　～　／

子どもの準備

婚約記念品購入

会場を選ぶ

下見、ブライダルフェアに参加

会場申しこみ

衣裳を選ぶ

結納など婚約の儀式を行なう

- 婚約の儀式　結納 ▼P.44
- いろいろな婚約のかたち ▼P.56

親の参加ポイント

子どもにアドバイス

子どもの衣裳を考える

- 新郎新婦の衣裳を選ぶ ▼P.74

Point!

親としての希望や、今までに得た経験談は、率直に子どもに伝えましょう。下見やブライダルフェアに親が同行するのは、よくあることなので、積極的に参加してください。親世代の意見は、子どもたちにとっても安心材料になります。

わが家の場合 MEMO

引出物を選ぶ

挙式・披露宴の詳細を決定する

新婚旅行、二次会などを決める

衣裳決定

新生活の準備

親の衣裳を考える

●親・親族の衣裳を選ぶ ▼P.78、80

Point! 親の衣裳を決める際には、できるだけ子どもが同行できるスケジュールに。子どもの希望や意見を聞けるだけでなく、親子の大切な思い出になります。同行できない場合は写真を送るなど「一緒に選んだ」という実感がもてるとよいでしょう。

親の衣裳決定

Point! 親と同居・二世帯住居になる場合はもちろん、実家から子どもが家を出る場合も、しっかりと新生活をどうするのかの確認をして。住民票など各種届出のアドバイスを。

子どもにアドバイス

●新居探しと新生活の準備 ▼P.96

挙式　3～1カ月前

わが家の場合

／　～　／

子どもの準備

- 招待状の印刷・発送
- スピーチ・余興・受付の依頼
- 演出などの検討（料理、装花、BGMなども決める）
- 結婚指輪購入
- 新婚旅行予約
  新居の家具など購入

親の参加ポイント

招待状の確認
- 招待状作成と発送 ▼P.82

スピーチをする人の確認

必要であれば、演出準備
- 引出物／演出 ▼P.84

Point! 結婚式・披露宴では、演出の映像などで、子どもが成長する各時代の写真を使うことが多いもの。子どもと一緒に選ぶ場合にも、前もって親が何枚か選んで、用意しておくのがおすすめ。この機会に、子どもの成長を振り返ってみましょう。

Point! 招待する親族のリストアップや、招待状の封入作業は、子どもから任されることが多い作業。親も子どもの結婚を改めて実感します。招待状の返信先が実家住所の場合は、返信の確認を。見知らぬゲストの場合は、この時点で子どもに確認しておくと、当日のあいさつに役立ちます。

招待状の返信を確認

披露宴の席次決定

● 披露宴の席次 ▼ P.86

席次表・席札などのペーパーアイテム準備

披露宴の進行・プログラムなどを決める

新居決定・引っ越し

わが家の場合 MEMO

席次の親族チェックをする

Point! 親族の席次は、子どもたちに代わって親が考えるなど、積極的にサポートを。親族以外の顔ぶれも、このタイミングで確認しておくと、当日は余裕ができます。

必要であれば、引っ越しを手伝う

わが家の場合 MEMO

挙式　1カ月〜1週間前

わが家の場合

／　〜　／

わが家の場合 MEMO

子どもの準備

婚姻届、各種届出の準備

プランナー、担当者、司会者などと最終打ち合わせ

二次会の準備

新婚旅行準備

結婚費用の支払い

引っ越しなど

リハーサルに参加

親の参加ポイント

届出について子どもに確認

出席者の人数、席次、進行を確認しておく

Point! 事前に式のリハーサルを行なっている会場なら、親も積極的に参加しましょう。子どもを通じて予約を。歩き方や所作は、自宅でも練習しておくと安心です。

謝辞を作成し、読む練習

●親の謝辞原稿▼P.88

遠方の親族への案内や宿泊確認

Point! 遠方から来る親族は、前泊や式当日に宿泊することが多いもの。宿泊確認とともに、案内や迎えは必要かどうかなどの確認を。宿泊先から会場までの道順を教えたり、当日の待ち合わせが必要かどうかなども話しておきましょう。

わが家の場合 MEMO

エステやネイルケア、シェービングを行なう

Point! 新婦と同様に、母親もネイルケアやシェービングをしておくのがおすすめです。親子一緒に受けられるサロンなら、結婚前にリラックスしたひとときをすごすこともできます。

わが家の場合 MEMO

挙式　1週間前～前日

わが家の場合

／　～　／

子どもの準備

- 衣裳・小物の確認
- 二次会の最終打ち合わせ
- 心づけ、御車代の用意

親の参加ポイント

家族の衣裳・持ちもの確認

● 結婚式前日までの準備と確認 ▼P.98

Point! 親・家族の持ちものを事前にそろえておきましょう。もし車で式場入りするなら、受付に飾るアイテムなど、かさばる荷物を子どもに代わって運んであげては。

当日の心づけ、御車代を渡す相手を確認する

● 心づけ・御車代を渡す ▼P.114

わが家の場合 MEMO

媒酌人、立会人がいる場合、あいさつする

遠方から招く親族の対応など

持ちものを確認

衣裳・小物など搬入

当日精算分の費用を用意する

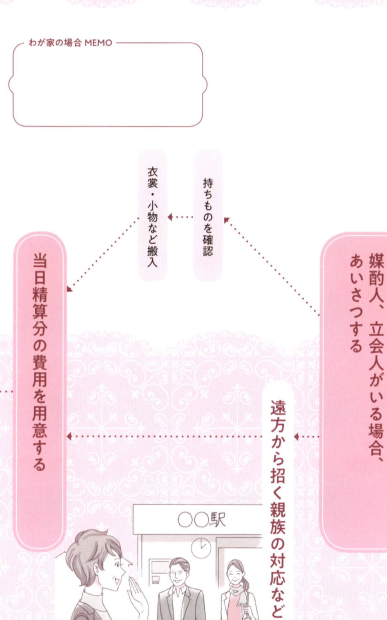

挙式当日

わが家の場合

／　～　／

子どもの準備

指定時間に式場入館、担当者にあいさつ
● 結婚式当日 親の心がまえ ▼ P.106

着付け・ヘアメイク
● 結婚式前の準備 ▼ P.112

結婚式リハーサル

親族紹介
● 親族紹介 ▼ P.116

親の参加ポイント

スタッフやゲストの対応
● 結婚式当日 親がすること ▼ P.108

Point! 当日、式場に着いたら、ゲストやスタッフに、あいさつとお礼を。「心づけ」「御車代」を渡すことは、親の役目です。

Point!

結婚式当日の親は、ゲストを招き、もてなす側。新郎新婦と同じく主催者です。あいさつや気配りを忘れないで。

挙式

●式次第 ▼P.118、120、122

記念写真撮影

●写真撮影 ▼P.124

ゲストにあいさつ

●披露宴前の親のあいさつ ▼P.128

披露宴

●披露宴での親の心得 ▼P.126

●披露宴の進行 ▼P.130

ゲストのお見送り

●花束贈呈、謝辞とお見送り ▼P.142

二次会

Point!

最近のレストランウエディングや外資系のホテルでは、披露宴中、ゲストにお酌をして回るのがNGのところもあります。その場合も、あいさつには回りましょう。

わが家の場合 MEMO

挙式後、新生活

わが家の場合

／　～

わが家の場合 MEMO

子どもの準備

新婚旅行

お礼、あいさつ

映像・写真整理など

お祝い返し、結婚通知を送る

● お祝い返しと結婚通知

▼ P.148

親の参加ポイント

式場費用の精算
お礼、あいさつ
お礼状の発送

● 結婚式後のお礼、あいさつ

▼ P.146

Point! 同居の場合は、新郎新婦と親がそろって、近所の人たちへあいさつに回ります。同居ではない場合でもあいさつに回る地域もあるようです。慣習や普段のつき合いから、親が判断しましょう。

同居の場合は近所にあいさつ回り

● 子ども夫婦とのつき合い方 ▼ P. 150

親戚とのつき合い

相手の親・親族とのつき合い

● 相手家族とのつき合い方 ▼ P. 154

親子のこれからのかかわりを考える

● 親と子ども それぞれの新生活 ▼ P. 158

わが家の場合 MEMO

column

結婚にかかる費用

婚約から結婚式・披露宴を経て、新婚旅行や新生活までにかかる費用は、地域や人によって本当にさまざま。親の援助も含め、子どもたちと話し合って検討しましょう。

結婚生活の予行演習に ふたりに合う計画を立てる

結婚にかかる費用とは「婚約」「挙式・披露宴」「新婚旅行」「新生活」を合わせた金額のことで、平均年収以上におよぶこともあります。

このなかでいちばん高額なのは「挙式・披露宴」です。「ご祝儀」を見こんで計画しますが、式場への支払いは基本的に先払いです。またクレジットカード払いはできない式場が多いので、一時的にでも現金の用意が必要になります。そのため、親や親族の援助を受けたり、「ブライダルローン」を利用したりすることもよくあるようです。

お金の話はしづらいので、子どもたちは、相手の貯金を漠然と期待していたり、直接はいわずに親や親族に用意があるものと信じていたりすることも。結婚に向けて動き出す前に、本人たちでよく話し合うことが大切です。

また親子間でも、親は援助するのか、金額はどのくらいかなども、きちんと場を設けて話しておきましょう。

本人同士では、「ふたりの貯蓄」「これから貯めるお金」「ご祝儀」「親の援助」などをくわしく話し、無理のない予算配分を計画する必要があります。

ふたりで結婚に向けた専用口座を開設したり、積立金を設けて「目標額に達してから結婚準備をはじめる」と決めたりと、新生活の予行演習となるようなフェアでオープンな財政管理がおすすめです。

人によって、お金の配分はさまざまです。すでに本人たちが一緒に住んでいる場合は、新生活の費用がいりませんし、新婚旅行は落ち着いてからと延期する場合も。そのぶん披露宴を豪華にしたいと考えるカップルもいます。

子どもたちの希望や現状を聞き、金銭的な援助だけでなく、経験や情報に基づいて一緒に考えたり、アドバイスをしたりしましょう。

結婚費用はどのくらいかかる？

結納・婚約～新婚旅行までにかかった費用

項目	平均（万円）
結納式の費用	18.3
両家の顔合わせの費用	6.2
婚約指輪	35.4
結婚指輪（２人分）	24.1
挙式・披露宴・披露パーティ総額	354.8
新婚旅行	60.8
新婚旅行土産	10.9

合計平均 **463.3** 万円

ゼクシィ　結婚トレンド調査 2017　調べ

新生活準備のためにかかった費用

項目別平均額	平均（万円）
インテリア・家具の購入総額	40.0
家電製品の購入総額	37.4

●新生活準備のためにかかった費用総額　平均 **72.3** 万円

新生活準備調査 2016（リクルートブライダル総研調べ）

わが家の場合 MEMO

column

援助は返済と使い道についての約束を決めてから

支払いが集中する時期に、一時的な立て替えを助けるための援助や、子どもの夢をサポートするための援助など、金額によらず親がお金を出すことはすべて「援助」という呼び方をします。金額の大きさと、親の要望の実現は比例しないことが多く、「たくさん援助をしたのだから、親の好むようにやって」ということは期待しないようにしましょう。

日頃からお金の話をしていない場合は、結婚の意思が見えたら早めに、子どもの思い描くビジョンや親の考えを共有しておきましょう。結婚のステップを進めるきっかけになるのであれば、早い段階で援助をしてもよいでしょう。コントロールのきかない甘えにならないよう、返済や使い道についての約束を決めておくことも大切です。

● 結婚費用に対する親・親族からの援助総額

平均 182.0 万円

ゼクシィ　結婚トレンド調査 2017　調べ

● 結婚費用（結納、挙式、披露宴・披露パーティ、二次会、新婚旅行）のための夫婦の貯金総額

平均 294.2 万円

わが家の場合 MEMO

● 結婚費用に対する親・親族からの援助有無

あった 76.1%

ゼクシィ　結婚トレンド調査 2017　調べ

第１章

「結婚したい」から婚約まで

「結婚したい」と子どもから告げられたときから、
親がすべきことはたくさん。
結婚相手はどんな人なのか、婚約の儀式をするのか……
子どもたち、相手の親と話し合って、今後の段取りを決めていきましょう。

いまどきの結婚観

親が子どもの いちばんの理解者に

時代や社会的な背景の影響をダイレクトに受ける結婚事情。流行や常識さえも数年単位で変化しています。

まずなによりも「結婚する・しない」を自由に選択できるということは、大きな傾向のひとつです。

世間体よりも自分の気持ちを優先し、自由な生活を続けて、結婚しない人も増えてきています。結婚や出産、転職などを、自分が選択したタイミングでできる時代になってきているからといえます。生き方のバリエーションが広がっているという見方もできるでしょう。

そんななか、今、結婚することを選んだ子どもに対して、親ができることとはなんでしょうか。それは、「受け入れること」と「応援すること」です。子どもが自分の選択に自信をもち続けながら、力強く生きていくためには、自分で選んだパートナーと親のサポートは不可欠です。

親がいちばんの理解者であることは、子どもにとってなによりの支えです。親子が向き合って出した答えがいちばん信頼できるものであってほしいと子どもは思っているのです。

思いやりと想像力が 多様性の時代の答えに

また、生活の多様化やライフスタイルの変化によって、これまでの「マナー」などの概念も変化しつつあります。正解がなく、ルールやマナーも形骸化しつつあるなかで、頼りになるのは「想像力」です。

結婚にまつわるさまざまな行事はプライベートなものなので、他人の基準は見えづらいもの。地域性などもあるため、インターネットの情報はうのみにできません。

誠実で思いやりのある態度と想像力を駆使して、親子が協力して臨むことが求められます。

いまどきの結婚データ

◆ 結婚までにつき合った期間 ◆

平均 3.4 年

ゼクシィ　結婚トレンド調査 2017　調べ

いわゆる「適齢期」というものがなくなり、それぞれの感覚に合った期間を経ているということが見てとれます。

◆ 一緒に住みはじめたタイミング ◆

1. 結婚が決まったあとから挙式披露宴の前までの間 ……… 44.9%
2. 結婚が決まる前 ……… 35.1%
3. 挙式披露宴のあと ……… 16.2%

ゼクシィ　結婚トレンド調査 2017　調べ

結婚が決まる前、または挙式披露宴の前までに一緒に住むカップルがとても多いことがわかります。経済的にも合理的であるなど、恋愛感情だけではない理由もあるようです。

◆ 結婚を決めた理由 ◆

1. 相手と一緒に将来を生きたかったから ……… 77.0%
2. 相手と一緒に生活をしたかったから ……… 59.3%

(複数回答可)

ゼクシィ　結婚トレンド調査 2017　調べ

「誓いの言葉」でも聞かれるフレーズです。どの時代も、結婚を決める理由は共通しているといえるでしょう。

◆ 出会いのきっかけ ◆

1. 同じ会社や職場で ……… 19.6%
2. 合コン以外の友人の紹介で ……… 17.6%
3. 同じ学校やクラスで ……… 14.0%

ゼクシィ　結婚トレンド調査 2017　調べ

どんなきっかけも「運命」といってもよいのでは。出会いのきっかけによらず、チャンスを育て、生かすことが大切です。

◆ 結婚を決めた時期（挙式実施者のみ） ◆

平均 13.1 カ月前

ゼクシィ　結婚トレンド調査 2017　調べ

結婚を決めた時期に関する調べでは、結婚式の「約１年前」という答えが圧倒的に多く、目安となっていることがわかります。

子どもが結婚したいといったら

冷静かつ丁寧に言葉にして伝え合う

わが子もいつかは結婚と思っていても、いざそのときが来ると、とまどわない親は少ないはず。相手のことや結婚までのスケジュール、結婚後の新生活など、親の気になるポイントが子どもと一致しないのは当然のことと思っておきましょう。

親としての願いや譲れない点は率直に伝えるべきですが、感情や情報を整理して、親子というより大人同士として向き合うほうが平和で、いまどきといえそうです。

結婚することは、いまや当たり前とはいえない時代。子どもの決断に対して、まずは喜びや祝福のスタンスをとることが大切です。

そのうえで、親として、また、人生の先輩として、心配な点はクリアにする対話が必要です。

仲がよく、お互いに遠慮がない親子の間では、口に出さなくても「わかってくれているだろう」「どうしてわかってくれないのか」と思うかもしれません。しかし、結婚に関しては、「いわなくてもわかる」は、両者にとって禁物。考えをおしつけたり不用意な発言を放り投げたりせず、思いは丁寧に言葉にして伝え合うことがとても大切です。

まずはフリートークで話し合って

　多くの場合、結婚の話が出ると親は「質問攻め」をしてしまいがち。もし答えられないことがあったり、親の思いと異なる部分があったりすると、つい反対したくなってしまいます。一方で、物わかりのよい親を演じてしまって、あとでモヤモヤが残るというケースも。

　まずは、子どもの考えや計画を自由に話してもらいましょう。あとで「いった、いわない」とならないよう、メモをしながら聞くのもよいでしょう。話し終わるまで聞いてから、いくつか質問を。

　相手の仕事や背景が気になる場合にも、子ども自身が考えの足りないことに気づけるよう、さりげなく誘導するのが有効です。

OK!

● 「どんな人？」「あなたはそれをどう考えているの？」など大まかな聞き方が◎。「それはふたりで話し合った？」「親の感覚だとちょっと心配」などと、子どもや相手を否定することなく、子どもの考えを引き出して。

NG!

● 「年齢は？」「仕事は？」と質問が続くと、子どもは無意識のうちに身がまえてしまい、信頼されていないのではないかと感じることも。親から見た相手の印象ではなく、まずは子どもから見た相手を知ること。

check!

子どもに聞いておきたいこと

●相手自身のこと

- □ 名前
- □ 仕事（職種・転勤の可能性など）
- □ 年齢
- □ 人柄・特徴など

●子どもと相手とのこと

- □ 出会い
- □ 交際期間
- □ 結婚を決めた理由

●結婚のこと

- □ 入籍の時期
- □ 仕事（共働き・専業主婦など）
- □ 結婚式をする・しない
- □ 子どもを望む・望まない
- □ どこに住むか
- □ 将来のビジョン

子どもの交際相手と会うとき

相手を理解し信頼関係を築く努力を

結婚を前提としている子どもの交際相手と会う場は「オーディション」のように考えてしまいがちですが、子どもが好きになった人と「出会う」というつもりで臨むのが理想です。人柄や考え方を知り、時間をかけて関係を築きながら、親としての思いや願いを伝えていくとよいでしょう。

「こうあるべき」という考えは出さず「へぇ、どうしてそう思うの?」「なるほど、そういう考え方もあるね」と、理解と見守る姿勢を見せることは、健全な信頼関係を築く近道になるはず。もちろん、すべてを無理に受け入れるのではなく、関係を築きながら「でも、これはこういうふうにしてほしい」と希望を伝えることも大切です。

正式なあいさつの場と分けて考えるならば、かしこまった場である必要はありません。自宅に招く、外で食事をする、アウトドアなど共通の趣味をともにするなど、両者にとって都合のよいシチュエーションを選ぶのがよいでしょう。想像以上に緊張するものなので、短い時間におさめ、お酒の場ではないほうが安全です。

リアルな親のQuestion

掃除をする時間がないので自宅ではなく外で会いたいのですが…

A. まずは「一緒に食事」で問題ありません

この場をお互いがどうとらえているか、例えば「単なる紹介」なのか「結婚のあいさつ」なのか、差異がないよう子どもを通じて確認することが必要です。いずれにしても、自宅に招かなくてはいけないわけではないので、外で食事をすることは問題ありません。双方が希望するイメージに合う場所を選びましょう。

子どもの交際相手について

Point!

よいところを3つ探そう

欠点を探すのではなく、相手のよいところを探すつもりで対面しましょう。

ビジネスのコミュニケーションなどでも使われる方法ですが、まず相手のよいところを３つ探します。ポジティブな気持ちで向き合うことは、良好な関係を築く近道となります。

相手を理解することから

結婚後のビジョンや理想とするライフスタイルが、親の考えと合わない場合もあるかもしれません。その場しのぎの同調は禁物ですが、頭ごなしに否定するのもこの場では不適切です。どうしてそう考えるのか、理由や背景を理解するところからはじめるとよいでしょう。

親として伝えるべきこと

初対面で伝えるべきことは、条件などの細かいことではなく、親として「子どもを大切に思う気持ち」ではないでしょうか。相手がプレッシャーを感じることもあるかと思いますが、大事に育てられた人と結婚するのだと気持ちを引き締めてもらうことも大切なことです。

リアルな親の Question

初対面で自宅に招く場合、親の服装は？

A. **相手の目的に合わせて判断する**

単なる紹介なのか、結婚のあいさつのつもりで来るのかという訪問の目的に応じて、迎える側のフォーマル度合いが変わると考えてよいでしょう。相手は単なる自己紹介や食事だけのつもりで来たのに、父親がスーツにネクタイで待ちかまえてはびっくりさせてしまいますし、その逆もしかり。服装は、心がまえを表すもの。子どもを通じて事前に聞いておき、相手より少しだけカジュアルな服装を選ぶとよいでしょう。

交際相手が気になる場合

子どもが選んだ人を否定するのは逆効果

子どもが結婚したいと思った相手ですから、外側から見たら、どこか本人や自分たち親と似ていたり、お互いに補い合っている部分があったりするはずです。しかし、親にとってみれば思いもよらない相手だと感じることもあるかもしれません。頭ごなしに否定するのは厳禁。互いに意固地になって状況が重症化するケースもあります。

「祝福したい気持ちはやまやまだけれど、不安がぬぐいきれない」という場合は、言葉を選んだうえで、親が感じる不安要素を子どもがどうとらえているのかくわしく聞いてみましょう。考えが浅く心配な場合には、説得ではなくヒアリング寄りの話し合いを。新たな価値観だと感じる場合には交流の場を増やすなど、親の歩み寄りも必要かもしれません。

いずれにせよ、子どもが選んだ大切なパートナーですから、言葉や態度で傷つけることがないよう気をつけましょう。

実際、口に出さないとしても、初対面でよくない印象を受けた親は意外と多いという数字も出ています。深刻に考えず気長にとらえるほうが得策といえます。

リアルな親のQuestion

性格や態度で、相手をどうしても好きになれません。親としてどう考えればよいでしょう？

A. 「好きになる」を最初からめざさなくても

親にとっては世代や環境など共通点の少ない相手。はじめから「好きになる」を前提とするのは無理があると考えられます。もし何か具体的に改善してほしい点があるとすれば、理由とともに子どもに伝えてみるのも一案ですが、「なんとなく」であれば、しばらく様子を見るということでもよいでしょう。

case 1 養子になってもらいたい

家柄や家業のために、婿養子を迎えることを希望する場合は、まず家庭内の話し合いが不可欠です。女性ばかりのきょうだいだと、誰が養子をとるのかと、おしつけ合いになることもあり、家族間でしこりを残すことにもつながります。

親としての考えや、家を継ぐ役目を放棄してでも結婚したいという強い意志なのか、など話しにくいこともうやむやにせず、話し合う場が必要です。

case 2 相手の今の状況

何か特別な理由があって相手の親に反対されているとか、相手の仕事の都合や経済面などで、気になることがあるかもしれません。深刻な状況においては、つき放すような反対の仕方ではなく、環境を整えるための協力をするというスタンスで子どもと向き合いましょう。

頭ごなしに反対をしてしまうと子どもは孤立してしまうので、アプローチの仕方がとても大事です。

case 3 相手が外国人

現代ではめずらしくなく、生活のうえで大きなハンデが強いられることはあまりないはず。もし単なるイメージで拒否反応を示しているのであれば、反対する理由にはならないかもしれません。

相手に日本語を覚えてもらうとか、子どもが他国に住むのなら、帰国の期間の条件を出すというのも一案ですし、逆に、親が視野や行動範囲を広げる機会にしてみては。

case 4 おめでた婚

おめでた婚の場合、結婚や出産準備など生活の変化が一度に訪れ、驚いてしまうことはしかたのないことです。忙しい現代社会では、結婚のタイミングを自分たちで自在に決めることも難しいため、妊娠がその貴重なきっかけとなることはめずらしいことではありません。

縁やタイミングと受け入れ、ダブルで忙しくなる子どもたちをサポートすることに、ぜひ注力してあげてください。反対することに時間をかけるのは、時間がもったいないかもしれません。

case 5 年の差婚

ただ年齢が離れているというだけでも、推測やイメージでうわさ話や反対意見がつきまとうことが多いのかもしれません。周囲の価値観をもち出して比べるのではなく、本人の思いや決断を受け入れる努力をしてあげましょう。

親と相手がつき合いづらくなって、子どもが孤立してしまうことは避けるようにしてください。

case 6 事実婚

結婚と同等の生活をしながらも「入籍」をしないというスタイルのこと。入籍したほうが手続きや告知はずっとラクなはずなのに、あえて事実婚を選ぶのには、しっかりとした理由があるはずです。この場合は理解できるまで、時間をかけて話し合うことも大切です。

自立した生き方、財産、家のことなどを大事に考えて、事実婚を選んでいる人が多いので、子どもの考えを尊重するのも親の役目といえるかもしれません。

case 7 再婚・子連れ婚

結婚は初婚同士が大半だというイメージをもつ人が多いようですが、現代では結婚する４組に１組以上が、どちらかが再婚、または両方が再婚です。再婚で結婚式をすることはよくあることですし、過度な心配はせっかく決断した子どもたちをがっかりさせることになるかもしれません。ただ、経緯はきちんと聞いておいたほうが安心です。

子連れ婚は、親にとっても急に孫ができたりして、心の準備が必要ですが、本人にとっても不安はあるはず。信頼して、応援してあげてください。

case 8 服装や態度に問題

ほんの５年か 10 年前までなら考えられなかった多様性に満ちたオープンな時代が来ました。テレビなどでも「個性的な人」が次から次に登場して、それを当たり前のように受け入れている現代です。いざ身近にいると身がまえてしまうかもしれませんが、根気よく交流し、内面を知り、互いに理解し合える関係を築くことが大切です。

case 9 生活力に問題

フリーランスやアルバイト、在宅の仕事の場合、固定給でないことが多く心配されがちですが、こういったイメージと実際の経済力を分けて考える必要があります。共同生活をするうえでは子育てなど協力し合えるメリットも。バリバリと働くことを好まないけれど、優しく穏やかな性格のもち主であったりと、よい面があるかもしれません。

子どもが選んだ相手ですから、まずは現在の状況と、そうなった理由を把握して、この先心配がないのかなど、将来設計を一緒に考えてみることが打開策につながるでしょう。

実家訪問 相手を迎える場合

互いを知るためのはじまりの場と心得て

子どもが結婚を決めた相手を迎えるにあたり、いちばん大切なのは、これから理解や信頼関係を深めていくスタートだと心得ることです。相手をチェックする場と考えるのではなく、相手にとっても「どんな親なのか」と期待や不安の対象であるとわかっていなければいけません。きっとこれまでにも経験があるように、人間関係のほとんどは両者の歩み寄りによって築かれるもの。ともに経験や対話を通じて、理解を深めていくということです。

初対面であれば、食事の時間を避け、午後2時頃から夕食の支度がはじまる前の数時間を目安とするとよいでしょう。すでに交流のある間柄であれば、昼食か夕食をともにする前提で、その前の1時間か2時間をあいさつのための時間に設定しておきます。

想定外に緊張するなどイメージどおりに話が展開しない場合もあるので、相手に話しておきたいことや聞きたいことはあらかじめメモしておきましょう。無理に緊張感を解いたりする必要はありませんが、真の人柄に触れられるよう、形式よりも合理性を重視して有意義な時間にしましょう。

リアルな親のQuestion

娘の結婚話を夫が嫌がり、相手に会おうとしません。どうしたら？

A. 大事な存在だとわかってもらう

深刻な場合にはあせらず、しっかり時間をかけましょう。単なる拒否反応であれば、自宅ではなく趣味の場や出先の喫茶店などで「紹介」からはじめてみては。結婚の話をいきなり出すのではなく、互いを理解することで、娘にとってよい影響をもつ、大事な存在なのだとわかってもらうことからはじめましょう。

こんな場合どうする？

case 1 子どもからの相談が突然だったので、忙しくてしばらく時間がとれない…

一般的に、女性宅に男性が訪問するのが先とされていますが、両家の了承が得られていれば逆でもOK。転勤など結婚を急ぐ特別な理由がなければ、親の忙しい時期は動かず「待つ」のが正解です。

仕事や介護などで忙しく、またその期間の見こみがわからないという場合には、自宅以外の場所で、お互いに無理のないカジュアルなかたちで会うのも一案です。

case 2 相手に会ってみたら賛成できなかった。どういえばいい？

感覚的なことは納得しづらいので、なぜそう思ったのか、具体的に表現できるよう整理しましょう。きちんと伝えられる準備ができないうちは「少し考えさせてほしい」といって時間をかけるべき。

貯金や仕事のことなど具体的な心配の理由がある場合には、時期や条件を挙げて、子どもたちが努力し、歩み寄る方向を明示するのが得策です。

case 3 子どもと相手は遠方から来るが、食事・宿泊は？

ケースバイケースです。子どもを中心に相談や判断するもので、一般的にどうするべきという答えはとくにありません。主要な駅や翌日のアクセスが便利なところに宿泊する場合には、必要であれば送迎したり、一緒に外で食事をとってもよいでしょう。宿泊費や交通費は、初回は本人たちが負担するのが一般的です。

check!

迎える準備・確認すること

- □ 日にち(曜日・お日柄・準備期間)
- □ 時間帯(来る時間・滞在時間見こみ)
- □ 用意するもの(お茶菓子・食事・相手に渡す手みやげ・その他)
- □ 自宅までの交通アクセス(子どもと一緒・迎えに行く、行かない・その他)
- □ 迎える準備(家の掃除・庭の掃除・美容室へ行く・その他)
- □ 心の準備(話すこと・聞くこと)
- □ 子どもとの連携(事前情報・滞在時間見こみ・相手と一緒に帰る)

実家訪問 相手宅に送り出す場合

準備には親も積極的にかかわって

一般的なイメージと比べて「こうあるべき」という理想のスタイルは、ややカジュアルなものに変わりつつあります。しかし、大事に育てた子どもがどんな相手を連れてくるのか、その相手とどんな関係を築けるのか、期待や不安を抱くのは相手側の親にとっても同じこと。あるいは、相手のほうがずっと身がまえていることもあります。

子どもを送り出す側としては、子ども本人が自信をもって、相手とその親に向き合えるよう、一家にとって一種のプレゼンテーションのようなものと心得て、綿密な準備や想定をするとよいでしょう。

相手の家と張り合うように見えてもいけないし、いたらなくてもいけないという絶妙な調整が必要になりますが、結婚を考える関係においては、親の教育や指導が行き届いていることがマイナスに働くことはありません。マナーや親の思いを子どもと共有し、確認できる貴重な機会でもあるので、積極的にかかわることをおすすめします。ここで身についたマナーや自信は、結婚前に親が子どもにもたせることができる大切なもののひとつとなるはずです。

check!

訪問マナーの基本

- □ 時間どおりに訪問（早すぎても遅れても×。玄関から見えない適度なところで時間調整を）
- □ 玄関前でコートを脱ぐ（家に外のほこりを入れないという考え方）
- □ 笑顔であいさつ（はきはきとしたあいさつと受け答えを心がけて）
- □ 靴を脱いでからそろえる（なにげない行為で雑な表情がのぞかないよう注意）
- □ 手みやげは袋から出して渡す（相手のほうに向けて両手で差し出す）
- □ すぐに座らない（面接と同じで、通された席には許可を得てから座る）

こんな場合どうする?

case 1 子どもが訪問したあとは親からもお礼状などを出すべき?

直接連絡をとる間柄でなければしなくてよいでしょう。代わりに、子どもが持参する手みやげは親子で選んだというようにするのが好ましいです。この段階では親子の連携がカギで、親のフライング行為は避けたいもの。訪問後、子どもに、親からもお礼をしたほうがよいといわれたら、シンプルなお礼状を出すとよいでしょう。

case 2 娘が男性宅に行く場合、家事を手伝わせたほうがいい?

結婚前、とくにはじめての訪問ではまだ「お客様」なので、基本的には手伝わなくてよいと思います。もし食事を出されることになったら、料理を運んだりテーブルを拭いたりする程度で、台所に立つことは許可を得てからにするほうが無難でしょう。

case 3 相手宅で結婚を反対されたそう。こちらからも連絡したほうがいい?

深刻な状況でなければ、子どもに任せておくほうが無難でしょう。もし親同士の話し合いで解決できることなのであれば、婚約のための顔合わせの前に、どちらかの自宅などで両家で集まる場をセッティングするのも一案。基本的には、子どもたちがどうするのか見守るというスタンスがよいでしょう。

Point!

送り出す場合&迎える場合 これは避けたいNGマナー

●子どもと一緒に相手宅を訪問する

相手と以前から親しかったり、近所で会ったりする場合も、結婚のあいさつに行く際には、まずは子どもだけを送り出して。親は一緒に訪問しないようにしましょう。

●一方的に話してしまう

互いの緊張をほぐすためにもと、子どもの思い出話などをしがちですが、一方的に話さないよう、ほどほどに。

●会話をしない

初対面では、相手は緊張して、うまく話せないもの。会話を盛り上げる必要はありませんが、親が黙ったままなのはNG。相手のことを知るためにも、あらかじめ3つ程度質問を考えておくと○。

婚約のスタイルを考える

わかったつもりは厳禁
話し合いがカギに

婚約は、当人同士の口約束で成立するものですが、恋人から家族になるための準備としてとても大事なプロセスになります。「伝わっているはず」「わかっているだろう」は通用しないものと考え、社会的にも、家族内でも、丁寧で誠実な話し合いや調整が不可欠です。

「結婚とは」「婚約とは」というイメージや価値観は人それぞれ。親子でも同じことです。「こうあるべき」という考えがあるなら、どうしてそう思うのか、しっかり話し合いましょう。

いまどきは「けじめ」や「覚悟」という言葉も聞かれなくなり、婚約は結婚するふたりのプライベートな通過点と考える傾向があります。結婚が「家と家」の結びつきであるという考えも、婚約期間にはピンとこないカップルがほとんどです。親は子どもに対してカウンセリングするように、あるいは、友人のように、話を聞いたり思いを伝えたりして、適切なナビゲートをしてあげましょう。

婚約は、結婚の序章であり、予行演習の面もあるので、気になることはあと回しにしないことが大切です。

リアルな親のQuestion

結納は必要ないと考えていますが、男性側の親から提案するのは失礼ですか？

A. **「必要ない」はNG。子どもを通じて確認を**

結納の定義は実は幅広く、両家ではじめてのコンタクトとなる結納にまつわる話し合いはしこりが残りやすいので慎重に。子どもを通じて意図しないかたちで伝わることもあるので、気をつけましょう。結納は女性側の親の意向を尊重するのが一般的です。「どのようにしましょうか？」とたずねて反応を見てから提案を。

両家に合ったスタイルを考えるという儀式

婚約のスタイルの代表である「結納」。地域や家ごとの慣習によって内容が異なるので、行き違いが起こりやすいものです。なぜなら、お互いに「当たり前」と思っている形式が異なるのに、親同士が話し合ったり、コミュニケーションをとったりする機会がほとんどないからです。

子どもたちを中心に、両家にもっともフィットする婚約のスタイルを考えることが大事です。子どもたちと両家の親同士で話し合ってみましょう。子どもに期待することを、両家が互いに理解し、尊重をして。それが幸せな結婚の第一歩になるでしょう。

婚約、みんなはどうしてる？

◆ 結納・顔合わせの費用 ◆

食事を含めた結納式の費用

平均 18.3 万円

食事を含めた顔合わせの費用

平均 6.2 万円

ゼクシィ　結婚トレンド調査 2017　調べ

多くがハイクラスの料理店の「個室」を利用するため、会場費と食事代を合わせて１人１万円以上が相場。ほかに、着付けや写真代などを追加する場合があります。

わが家の場合 MEMO

◆ 結納・両家顔合わせの実施状況 ◆

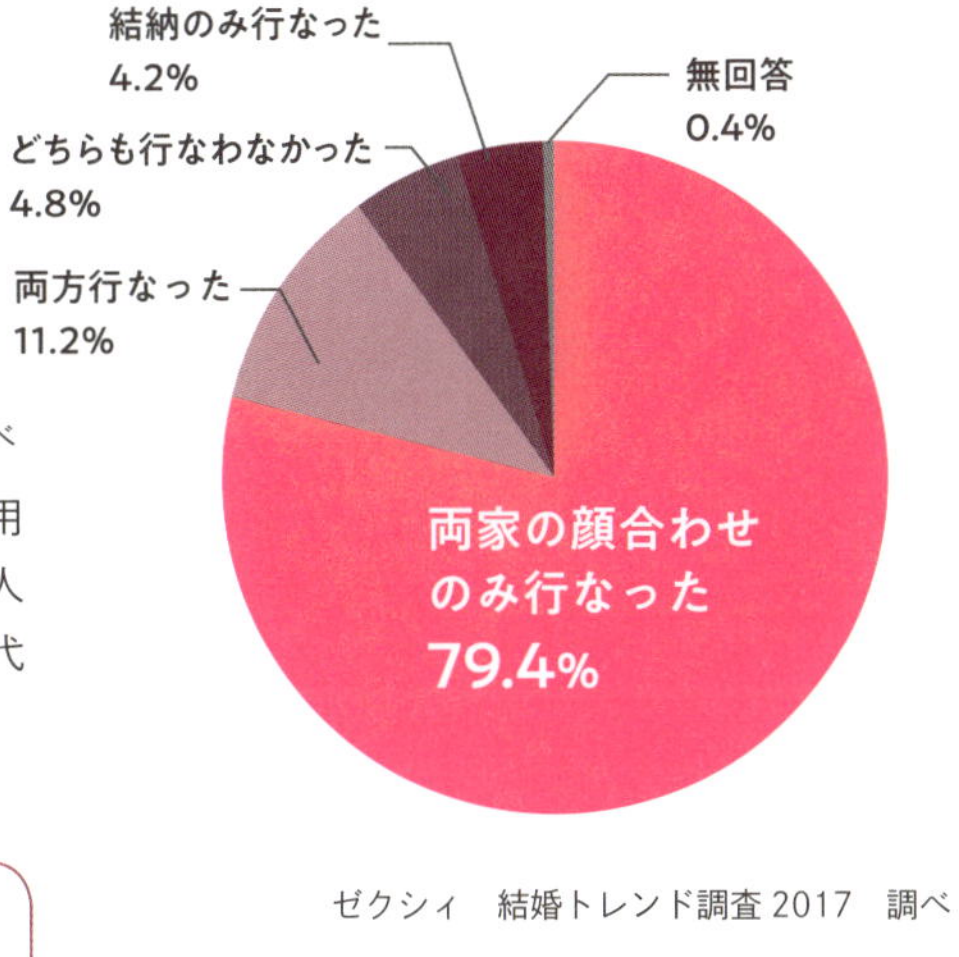

ゼクシィ　結婚トレンド調査 2017　調べ

婚約のスタイルは自己申告なので、結納と顔合わせの内容の境目は明白ではありません。しかし、グラフから読みとれるのは、ほとんどの人が両家の親と集まって何かしらの儀式をしているということです。

意外と難しい「定型」のない結納

「結納」は、もともと仲人や使者が仲立ちして家と家で金品を贈り合う儀式でした。「家」という概念が薄くなり、共働きの時代には、結婚のための準備金というような発想も一般的ではないため、本来の意味で行なわれる「伝統的な結納」はごく少数。仲立ちを伴わない「現代的な結納」が主流です。いわゆる正解というような「定型」がないうえ、家族だけで進行するため、事前の準備なしで行なうことはとても難しいものです。

両家で協力し合うはじめての共同作業

両家が料亭やホテルなどに集まる「顔合わせ」は一般的に「結納

いろいろな婚約のスタイルのメリット・デメリット

現代的な結納

▶ P.44

両家の親と結婚する当人同士で行ないます。女性側の自宅か、料亭やレストランの個室などに集まり、結納品を贈り合う儀式のこと。仲立ちを伴わないため、両家で協力し合い進行します。

メリット

憧れや潜在的なイメージもあって「記念」という意味合いで選ばれていることが多く、両家にとって満足感や実感が得られます。

デメリット

「略式」と呼ばれるものなので伝統儀式ではないことや、定型がないため家ごとに手探りで行なわれることが多く、正解がわかりにくい面があります。

伝統的な結納

▶ P.56

仲人夫妻が使者となって結納品や受書《うけしょ》を預かり、両家を行き来して納める、昔ながらのしきたりにのっとった儀式のこと。結納においては両家は集まらず、それぞれ仲人をもてなすスタイル。

メリット

伝統的に、当然するものと考えている家にとっては省くことのできない儀式。縁談をとりもった人や社会的後見人となる人にかかわってもらうことができます。

デメリット

基本的に両家の自宅で行なうため、距離や準備の問題がネックで実現が難しい場合も。当日のもてなしの準備や費用もほかのスタイルに比べて大がかりです。

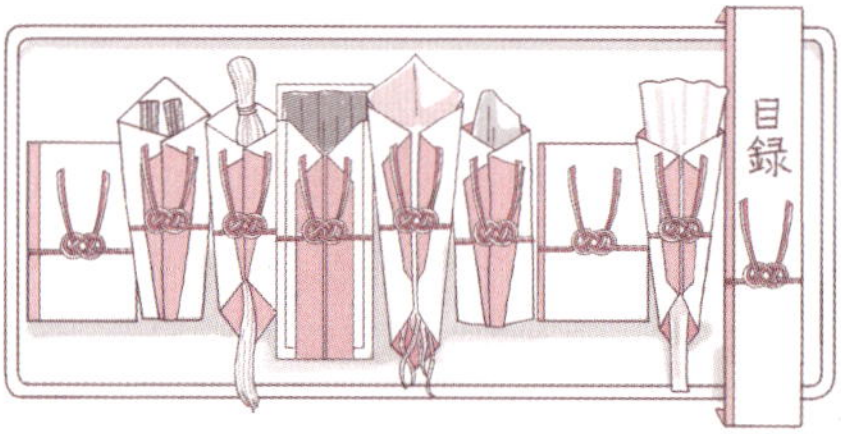

品を用意しない結納」というイメージ。しかし、実際には婚約記念品を贈り合うなど、極めて「結納」に近いスタイルといえます。
　ほかに、お披露目を主目的としたパーティ、教会や神社で行なう婚約式などスタイルはさまざまですが、いずれも両家で協力し合うはじめての共同作業といえる貴重な機会になります。これから結婚しようとする相手や家を理解し尊重する大事な場です。

わが家の場合 MEMO

婚約披露パーティ

▶P.58

家族や親しい友人を招いて婚約を報告し、食事でもてなす欧米スタイルのパーティのこと。結婚式の準備の協力を呼びかける目的や、婚約期間の長い国などでパートナーの周知のために行なわれます。

メリット

結婚式の前の楽しいイベントと考えるのが一般的。めずらしさもあるので、クリエイティブなことやサプライズが好きなカップルにはアイディアを発揮できる機会になります。

デメリット

基本的には婚約する当人やその家族が費用を負担するためコスト面と、日本では目的が理解されにくいので、お知らせ方法に工夫が必要。

顔合わせの食事会

▶P.52

結納品をとり交わすためではないものの、両家の親と当人たちが集まるフォーマルな食事会のこと。決まりごとや定義はないので、個室ではない場合やカジュアルなお酒の席である場合も。

メリット

一般的に行なわれている多くは「(現代的な)結納」とほとんど変わらない内容。婚約記念品を贈り合うなど、じゅうぶんに記念になり得る儀式です。

デメリット

「結納ではない」と選択される場合が多いため、儀式としての満足感は低く、女性側は「大事にされた」という印象をあまり感じません。

婚約記念品の交換

▶P.50

婚約指輪やそのお返しとなるようなものを互いに贈り合うこと。両親や親しい友人のほか、ふたりきりでフォトグラファーを伴う場合も。ふたりの思い出を重視するカップル向き。

メリット

特別な儀式や食事会は行なわないとしても、ホームパーティやカジュアルな食事会と組み合わせたりして記念となるような場にアレンジできます。

デメリット

本人たちだけで交換をした場合、婚約は結婚準備のためのプロセスという実感が本人も家族も得にくいため、慎重な検討や家族の理解が必要。

結納
婚約の儀式 結納

プランを利用するのが安心でおすすめ

結納とは、結婚の約束を正式に交わす意味合いで、家と家とが「結納品」を贈り合う儀式です。いまどきは結婚の準備期間中に改めて行なわれることが多いため、結婚式の1年～3カ月前くらいが目安とされています。

お日柄のよい日や両家の都合のよい日を選びます。時間は昼どき、例えば午前11時に集合して結納をすませ、昼食を正式な食事会として午後3時頃にお開きとするイメージ。場所は結婚式場やホテル、料亭などの個室で「結納プラン」を利用するのが一般的で現代的な結納です。プランには個室料や結納品、進行サポートや祝い膳（食事代）などが含まれていて、希望すれば着付けや記念写真をオプションで追加できたりもします。

結納は伝統的に「嫁とり」の発想から、女性側の慣習や希望に添うものとされていて、もともと女性側の家に男性側が出向くのが基本でした。親族や近所のサポートを受けて準備が負担にならない場合、両家が遠方であるようなときには、自宅で行なうのもおすすめです。思いこみに影響されず、子どもを通じて両家でよく話し合って決めてください。

◆ 結納式の実施会場 ◆

1. 料亭 …… 30.8%
2. ホテル …… 25.9%
3. 妻の家 …… 24.9%

ゼクシィ　結婚トレンド調査 2017　調べ

check!

現代的な結納の準備

- ☐ 日時（お日柄・両家の都合）
- ☐ 場所（式場・ホテル・料亭など）
- ☐ 親と本人以外の出席者の有無（祖父母やきょうだいなど）
- ☐ 結納品の手配（どこで・何を）
- ☐ 内容・進行役（大まかにスケジュールを立てる）
- ☐ 費用（折半・本人・男性側・女性側）
- ☐ 服装（両家の格を合わせる・着付けの予約など）
- ☐ 記念写真（フォトグラファーの手配）

現代的な結納の進行例

1 結納品を飾る

床の間やテーブルなどに用意。結納品の購入時に並べ方などをあらかじめ確認しておきましょう。

2 着席

男性側から入室し、上座に向かって右側に、続いて女性側が左側に。男性本人がリードして全員で「よろしくお願いします」とあいさつして着席します。

3 あいさつ

男性側の父親があいさつします。

「このたびは○○（女性名前）様と私どもの××（男性名前）によいご縁を頂戴いたしまして、誠にありがとうございます。本日はお日柄もよろしく、結納の儀をとり行なわせていただきます。どうぞよろしくお願いします」

4 男性側が女性側へ結納品を納める

男性の母親が結納品と家族書をのせた台ごと女性本人の前へ運びます。一礼して席に戻り、男性の父親が口上を述べます。

「○○（男性名前）からの結納の品でございます。幾久しくお納めください」

5 女性側が目録をあらためる

女性本人が一礼してから目録を開き、父、母の順で目録に目をとおし、元どおりに台に戻してからお礼を述べます。

女性の母親が結納品を上座に飾ります。

6 女性側が男性側へ受書《うけしょ》と結納品を納める

女性の母親が、女性側の受書と結納品を男性本人の前に運びます。一礼して席に戻り、女性の父親が口上を述べます。

「○○（女性名前）からの受書でございます。幾久しくお納めください。気持ちばかりではありますが、○○（女性名前）からの結納の品でございます。幾久しくお納めください」

7 男性側が女性側へ受書を納める

男性の母親が結納品を上座に飾り、受書を女性本人の前に運びます。一礼して席に戻り、男性の父親が口上を述べます。

「○○（男性名前）からの受書でございます。幾久しくお納めください」

8 男性側が目録をあらためる

男性本人が一礼してから目録を開き、父、母の順で目録に目をとおし、元どおりに台に戻してからお礼を述べます。

9 あいさつ

男性側の父親からあいさつします。

「本日はどうもありがとうございました。おかげさまで無事に結納を納めることができました。今後とも幾久しくよろしくお願い申し上げます」

「（女性父親）幾久しくよろしくお願いいたします」

全員で一礼。

10 お礼

男性本人よりお礼を述べます。

地域で異なる結納品 手配前に確認を

結納品は長寿や繁栄を象徴する縁起もので構成されていますが、地域によって内容や飾り方が異なります。「関東式」「関西式」と呼ばれる2パターンがおもで、品数は9品を基本として、7、5、3と縁起のよい「奇数」の略式のものが選ばれる場合もあります。

また、縁起もののほかに「目録」や「受書《うけしょ》」もセットの一部となるので、忘れずに手配を。目録などの筆耕がセットに含まれているか確認も必要。インターネットで購入するカップルが増えていますが、飾り方がわからず、両家で困惑してしまう例も。購入店でレクチャーを受けるなど、綿密に準備をしてください。

目録や受書

目録
長熨斗
一、御帯料　一封
一、勝男節　一台
一、寿留女　一連
一、子生婦　一連
一、友白髪　一連
一、末広　一封
一、家内喜多留　一封
右之通り幾久敷芽出度
御受納下され度候也
以上
年　月　日
松本　和也
二宮　潤子様

◆ 目録 ◆

贈る品目を記したもの。内容は、納める結納品の内容を列挙した納品書のようなもの。結納品とセットで購入して筆耕を依頼するのが一般的です。

受書
御目録の通り
幾久敷芽出度
受納致しました
以上
年　月　日
二宮　潤子
松本　和也様

◆ 受書 ◆

結納品の品目を受けとったと記したもの。もともとその場で書くものですが、あらかじめ結納品とセットで購入、筆耕を依頼して用意しておくのがいまどき。

結納品の例

◆ 関東式（九品）◆

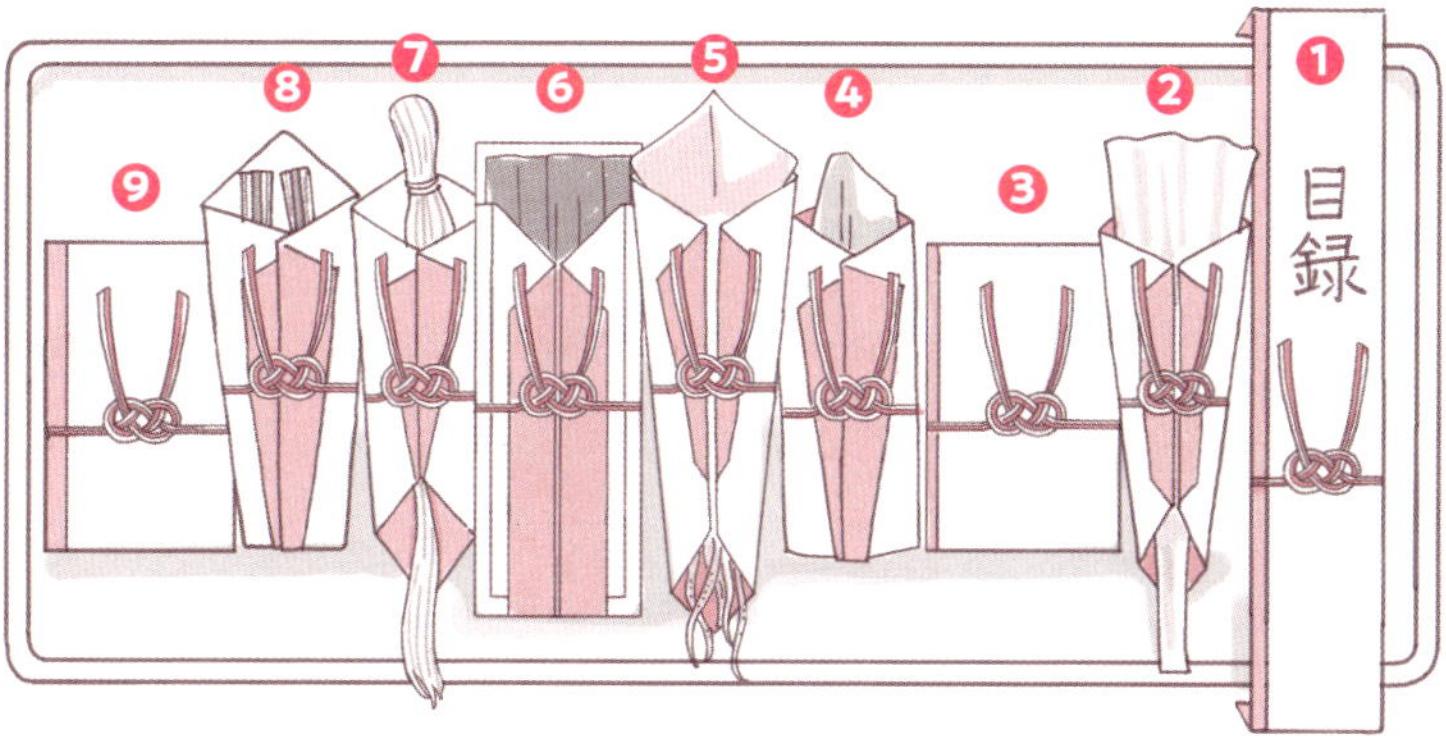

❶ 目録《もくろく》
結納品の品目と数を記したもの。（右ページ参照）

❷ 長熨斗《ながのし》
もともとはアワビをたたいてのして乾燥させたもの。高級品であり、「不老長寿」の縁起もの。

❸ 金包《きんぽう》
結納金のこと。男性側からを「御帯料《おんおびりょう》」や「小袖料《こそでりょう》」、女性側からを「御袴料《おんはかまりょう》」と呼ぶ。

❹ 勝男武士《かつおぶし》
かつおぶしのこと。武家の保存食や非常食として常備されていたもので、武運長久の縁起もの。

❺ 寿留女《するめ》
するめ（イカの乾燥食品）のこと。長持ちするため、幾久しい縁の象徴で縁起もの。

❻ 子生婦《こんぶ》
昆布のこと。「よろこぶ」の語呂にも合う、子孫繁栄の縁起もの。

❼ 友志良賀《ともしらが》
白い麻糸の束。ともに白髪になるまでという長寿と夫婦円満の願いをこめた縁起もの。

❽ 末廣《すえひろ》
一対の白無地の扇子。末広がりに繁栄するようにという願いをこめて。

❾ 家内喜多留《やなぎだる》
酒料のこと。家の中に喜びごとが多く集まるよう願う呼び方。

◆ 関西式 ◆

一品ずつ独立した台にのせて、男性側だけが納める。目録は数に入れず、代わりに高砂人形や婚約指輪が加えられます。

結納

結納金と結納返し

結婚支度金から婚約の記念品へ

結納金とは、結納品のひとつで、結納の席で男性の家から女性の家へ贈られるお金のこと。結婚が「家と家」のもので、「嫁入り」という意識の強い時代に発祥しました。嫁を「もらう」側が結婚の支度金として女性の家に贈るお金で、もともとは着物（反物）や帯地の現物が仕立て代にと移行したものです。結納金が「御帯料《おんおび》」や「小袖《こそで》料」と呼ばれるのはそのためです。

結納金の相場はそれぞれですが、１００万円、70万円、50万円と、上の1桁を割りきれないことから縁起がよいとされる奇数にして、事前に両家が了承したうえで贈ります。

いまどきは家から家というより本人たちが贈り合うのが一般的で、現金よりも指輪などの品物に換えられるほうが多く、「給料3カ月ぶん」というのはあまり根拠がありません。相手を大切に思う表現のひとつではありますが、お互いに無理のない金額で、あと味を悪くしないことが大事です。

女性から男性には結納返し

結納金に対して女性側からお返しとして贈られるのが「結納返し」です。「御袴料《おんはかま》」とも呼ばれるもので、関東式では結納金の半額程度を目安にします。関西式では結納返しは1割程度か、ないのが一般的で、結納金をあらかじめ想定の半額程度にして贈るとされています。

結納や結納返しは、結婚式やプロポーズに比べて、ほかの人や家がどのようにしているのか知る機会が少ないためか、お返しをすることを知らないカップルが多くいます。無理はしなくてよいですが、ふたりの新生活の基盤ともいえる「財産」になるものなので、しっかりと準備することが大切です。

結納金などの金額は?

◆ 結納返しについて ◆

結納返しの形式

品物 …… 47.6%

現金 …… 21.6%

結納返しの品物

腕時計 …… 37.5%

スーツ …… 26.6%

結納返しの現金

50 ~ 60 万円未満 …… 37.0%

10 ~ 20 万円未満 …… 32.4%

平均 38.5 万円

ゼクシィ　結婚トレンド調査 2017　調べ

婚約・結婚を機に、ステータスを上げるべく、時計やスーツなど身につけるものをランクアップしたり、新生活で使える電化製品や大きなテレビなどを結納返しの品物にするのも合理的で人気があります。

◆ 結納金・結納品(結納道具)の有無(結納実施書) ◆

結納金・結納品(結納道具)ともあった …… 60.5%

結納金のみあった …… 29.7%

ゼクシィ　結婚トレンド調査 2017　調べ

結納品(金包)にはかたちとして1万円程度入れるなど形式はさまざま。結納品の手配時に購入する店で相談すると安心です。

◆ 結納金の金額 ◆

100 ~ 150 万円未満 …… 69.0%

平均 91.2 万円

ゼクシィ　結婚トレンド調査 2017　調べ

結納金と呼ぶのかどうかは個人の認識によるところもありますが、引っ越しや家具などの新生活準備の費用などを含めて、婚約期がはじまるとすぐにお金の話に直面します。縁起のよい数字や金額を目安に無理のない設定をしましょう。

わが家の場合 MEMO

結納・婚約にかかる費用、準備できる金額など。

婚約記念品

それぞれに合った婚約の記念のかたち

婚約の記念に贈り合うものを「婚約記念品」と呼びます。定番は婚約指輪ですが、ライフスタイルや思考、経済的な状況によってさまざまです。仕事柄、指輪をつけられないカップルはペアの時計を贈り合ったり、婚約期間が短い場合には結婚指輪にダイヤモンドを入れて婚約指輪と兼ねたものをあつらえたりすることもあります。

結納品と異なる点は「記念に残るもの」であるところ。大きな金額をかけるので、身につけるものや残るものを希望するカップルが多く見られます。

婚約指輪はいまや「プロポーズの必需品」ではありません。一緒に選びたいという女性が増えていることもあり、ジュエリーショップの協力を得ながら、予算や希望に合ったものを上手に見つけるのがいまどきです。

また、親族から代々受け継いでいる指輪をリフォームした場合や、贈った記念品の金額をはっきり伝えたくない場合など「半返し」がどのくらいの金額になるかわかりづらい場合には、ほしいものを率直に伝え合い、どちらかが不公平や損得を感じたりしないような配慮を欠かさないようにしましょう。

リアルな親の
Question

かなり高価な婚約指輪をもらった娘。やはり半額程度の金額の品を返す？

A. 当人同士の問題と考えてもよいでしょう

本来は、半額程度のお返しが一般的ですが、当人同士が希望し、納得しているなら、親が用意する必要はないと考えてよいでしょう。当人同士でお返しをどうするという話になっているか確認し、必要と感じる場合にはお返しか、結婚式費用の援助などでサポートするのが妥当でしょう。

婚約記念品、どう選ぶ？

◆ 婚約指輪にかかった費用 ◆

平均 35.4 万円

ゼクシィ　結婚トレンド調査 2017　調べ

ジュエリーショップでは、平均的な相場に合わせたラインナップが充実していて、選びやすくなっていますが、ブランド店や問屋など予算や希望に応じて広い選択肢があります。情報収集が理想の指輪との出会いにもつながるはずです。

◆ 婚約記念品、親はどうする？ ◆

本人同士のものというのがいまどきのスタンダードなので、親は介入しづらいことですが、情報や希望があれば率直に伝えるのが○。「情報収集に協力したい」というスタンスだと、子どもも聞き入れやすいようです。

◆ 婚約記念品の有無 ◆

あった ……………… 72.6%

ゼクシィ　結婚トレンド調査 2017　調べ

◆ 婚約記念品の品物 ◆

指輪（エンゲージリング）……… 89.3%

ゼクシィ　結婚トレンド調査 2017　調べ

一般的に「嫁入り」を前提として男性から女性に贈るものとされています。婿養子の場合には、結納は女性側から男性側が基本になります。しかし実際には、記念の指輪は男性から女性に贈られることがほとんどで、結納や結婚支度金とは異なる特別なものとして考えられることが多いようです。

Point!

婚約指輪の選び方

最近では、30～40万円の価格帯で、0.2～0.4カラットのものが多く選ばれています。立て爪で存在感のあるものよりも、結婚指輪と重ねづけできるなどデザイン性を重視したり、モチーフや刻印にこだわったりと、プラスαの付加価値を重視するカップルが目立ちます。デザインは「ソリティア」「メレ」と呼ばれる王道のデザインをベースに、たくさんの選択肢のなかから選ぶことになります。ブランドを重視するのか、カラット等のダイヤの価値を重視するのか、などを考えます。ショップの下見には、親子で出かけてみるのも楽しいかもしれません。

顔合わせの食事会

なごやかな雰囲気で交流を楽しむ記念の場

結納よりも多数派で、かたくるしくない雰囲気が人気の理由。結納との違いは「結納品」を用意するかどうか、儀式的な要素を重んじるかどうかという点です。会場の選択肢が広がり、費用の負担が少ないことも選ばれている理由でしょう。

会場は両家どちらかの住むエリアかアクセスのよい中間地点、結婚式をする会場などでもよいでしょう。高級店や個室でなくてもかまいませんが、結納などのサービスに慣れている会場のほうが安心。会話をさえぎらないよう、料理を運ぶタイミングなどを気づかってくれたり、融通をきかせてくれるようなところは付加価値が高いといえます。

また、費用はどちらが負担すべきという決まりはなく、両家で折半するのが一般的。どちらかが遠方から来る場合には、招待する側が負担するなどケースバイケースで配慮を。いわゆる「割り勘」スタイルではなく、当日または事前に本人たちがまとめて支払うようにするのがスマートです。

進行プログラムや家族紹介を手づくりして印刷したり、記念写真を撮るのもいまどきの定番です。

リアルな親の *Question*

相手側の親が費用を出すとのことで場所が居酒屋に。変えられませんか？

A. **子どもを通じて角が立たない提案を**

居酒屋を選んだ理由が費用をおさえるためではなく、思い入れのあるなじみの店だったり、緊張する心配からリラックスを目的にしているのかもしれません。理由を探りつつ「お酒が苦手」とか、「行きたい店がある」というように角が立たないよう、子どもを通じて提案してみるのもよいでしょう。

食事会の進行例

1 集合・入室

両家それぞれ子どもと先に合流し、5～10分前までに集合場所へ。特別な準備が必要な場合を除いては、両家そろってから入店、入室します。

食事をはじめる前に10分程度あいさつの時間をとれるよう、あらかじめ会場と話をつけておくとよいでしょう。

2 あいさつ

男性本人から今日のお礼と食事会の主旨などの短いあいさつ。

3 両家の紹介

男性本人「まず私から両親を紹介します。着座のまま失礼します。私の父の△△、そして母の××です。よろしくお願いします」
全員「よろしくお願いします」
女性本人「私の両親を紹介します。私の父の△△、そして母の××です。よろしくお願いします」
全員「よろしくお願いします」
時間に余裕があれば、自己紹介やくわしい紹介もOK。食事がはじまってからゆっくり紹介するほうがなごやかに進行できます。

4 婚約記念品の交換

指輪や婚約記念品があれば、披露・交換をすると儀式的な印象になります。婚約指輪はつけて入室するよりもこの場でつけるほうが○。

まず男性本人から女性本人へ、短いあいさつとお礼などを伝え合いながら、お互いに交換します。選んだ理由やエピソードも短くつけ加えるとよいでしょう。親は「おめでとう」と「よろしくお願いします」の両方の気持ちで見守ります。

5 乾杯

交換がすんだら、男性側の母親などから会場担当者に合図をして乾杯と食事の準備を。「これより食事の準備をします」など声をかけてもらい、その間は歓談や用意したプログラムを配って見てもらう時間にあてるとよいでしょう。準備ができたら、乾杯します。
男性父親「このたびは○○（女性名前）様と私どもの○○（男性名前）によいご縁を頂戴いたしまして、誠にありがとうございます。本日はどうぞよろしくお願いいたします。乾杯！」
全員「乾杯！よろしくお願いします！」

6 食事中

食事をしながら、互いの紹介や結婚式など、下記のような話題で会話を楽しみます。
- 結婚準備の進捗について
- ふたりが小さい頃のエピソード（アルバムなどを見せる）

質問ばかりでは相手も身がまえてしまうので、バランスよく全員が話せるよう配慮しましょう。お祝いの席なので、こみ入った話題はおすすめしませんが、この場で適当に話を合わせてしまうと了承されたと受けとられてしまうので、ある程度の緊張感を保って。お酒の飲みすぎや食べ方のマナーにも注意しましょう。

7 結びのあいさつ

男性本人からお礼と結婚準備の抱負などの短いあいさつ。

記念写真は、会場担当者に声をかけて撮ってもらいましょう。食べ終わったテーブルなどが写りこまないよう、構図にも注意。

会場を出たら、それぞれ親子の時間を設けて、感想などを話すとよいでしょう。

結納・顔合わせの服装

結納

装いの意味や格式を親子で学ぶ機会に

装いは、フォーマルな場において、相手や行事を大事に思う心の表現方法となり、「格」という概念が重んじられます。おしゃれや着たいものよりも、一定のマナーや慣習において、ふさわしいかどうかを優先するもの。「両家で格式をそろえる」といわれるのはそのためです。

結婚式を最高の格式として、結納・顔合わせはその次に位置する格式となります。

父親はブラックスーツかダークスーツ、母親は訪問着かスーツ、ワンピースが適切とされます。和室ではフレアスカートのほうが正座しやすいとか、着物では季節感を気にしなければならないとか、とくに母親には格式以外にも検討材料があるので、当日の動きや気候を想像して判断しましょう。

「こうでなければいけない」という正解はありませんが、装いとは、子どもや相手の親に対して「この場を大事に考えている」という表現です。また、子どもたち世代の多くは、装いの格という概念にはじめて触れる機会でもあるので、単純に「何を着るか」だけでなく、親子で考え方を共有し、準備や相談にある程度の時間や手間をかけることが必要といえるでしょう。

わが家の場合 MEMO

結納・顔合わせの服装例

◆ 父親 ◆

ブラックスーツかダークスーツ。ブラックスーツのほうが格式は上。白いシャツに明るい色みのネクタイを合わせるのがいまどき。新品の靴下を用意するなど細部にも配慮を。

ブラック
スーツ

◆ 母親 ◆

和装なら訪問着、または色留袖・色無地の紋付き・付け下げなど。洋装なら「カラー・フォーマル」と呼ばれるスーツやワンピース。格式や季節感を基準に両家で相談して選びましょう。

カラー・
フォーマル

色留袖

◆ 男性本人 ◆

ブラックスーツかダークスーツ。ブラックスーツのほうが格式は上。シャツとポケットチーフは白、ネクタイはさわやかな明るい色を。カップルでカラーコーディネートすると素敵です。

ブラック
スーツ

◆ 女性本人 ◆

振袖か、上品で華やかさのあるセミアフタヌーンドレスが最適。結婚式当日に和装を着ない場合、振袖を着るラストチャンスになるため、成人式のためにあつらえたものを記念に着ることも。

振袖など

セミアフタヌーン
ドレス

column

いろいろな婚約のかたち

古くから日本で行なわれてきた伝統的な結納や、
欧米で多い婚約披露パーティなど、婚約のかたちはさまざま。
これまでにご紹介した以外の、婚約の形式を紹介します。

伝統的な結納とやや現代的な結納

仲人が両家の仲立ちとなって結納品の授受をして、家と家とで結ぶ結婚の約束を公のものとするために行なわれてきたのが、伝統的な「結納」です。

まず仲人が男性側から結納品を預かり、女性側へ届けます。そして女性側は仲人を迎えてもてなし、男性側へ渡す受書《うけしょ》と結納品を託し、仲人はそれをまた男性宅へ届けるというものです。

結納は、もともと「納采《のうさい》の儀《ぎ》」が起源とされる、歴史ある婚約の儀式。古く4～5世紀にはじまり、室町時代に広まったとされています。

結婚が家と家とのもので、仲人が行き来できる距離で結婚が成立していた時代の結納が基本であるため、関東式・関西式・九州式などの大きな分け方以外にも細かく地域差があります。そのため現代に結納を行なう場合は、儀式や文化にくわしい仲

結納の席次の例（仲人がいる場合）

人や地域の協力が不可欠です。

伝統的結納よりやや現代的で、かつ仲人を伴う結納は、おもに女性宅に両家が集って行ないます。和室と床の間があるのが前提で、判断やサポートを仲人がにない、結納のあとはおもてなしのごちそうをふるまいます。

最近の仲人と媒酌人事情

仲人とは、一般に「結婚の仲立ちをする人」のことで、相手探しやお見合いの世話をする人のことをさします。戦後～70年代頃、現代的な結婚式がはじまった時代には、見合い婚が多数派だったため、縁談の仲人が、結婚式の世話までになうのが基本でした。結婚式当日は「媒酌人」と呼ばれます。

その後、恋愛結婚が一般的になっても、仲人・媒酌人のいる結婚式が基本となっていたため、勤務先の上司や地域の世話役など社会的後見人に依頼をして「媒酌人」を務めてもらうというのが慣例でした。

しかし徐々に少なくなり、今では1％程度という調査も（ゼクシイ結婚トレンド調査2017　調べ）。伝統芸能や世襲制の仕事、町内会のつき合いなどで、特別にお願いしたいという人がいない場合は「必要性を感じない」という理由で、媒酌人を立てることは、ほぼなくなりつつあります。

仲人・媒酌人とは、基本的に「夫婦」がセットで務めるもので、結婚後も折りに触れて交流し、長くつき合いを続けます。相談をしたり、サポートを受けたりと生涯にわたって世話をしてもらうことになるので、人望があり社会的に信頼できる背景をもつ人、尊敬する人、ふたりの手本となるような人が適任です。

column

婚約披露パーティとは

おもに欧米の文化で、カップルが婚約したことを正式に発表し、結婚準備の宣言や友人たちの交流を目的としたパーティのことをさします。欧米では「ブライズメイド」などと呼ばれていて、結婚するふたりの友人たちが、それぞれ準備と当日の進行のサポートをにないます。

「ブライズメイド」や「メイドオブオナー」（新婦の付添人の代表者）」、「グルームズメン」や「ベストマン（新郎の付添人の代表者）」を指名・発表する場としても知られ、盛り上がるパーティとして周知されています。

また、北欧やフランスなど婚約期間が長い国や地域などの文化・慣習に合わせるように、日本との国際結婚カップルが結婚準備の発表のため、結婚披露パーティさながらに行なうことも。

それぞれの目的やタイミングに合ったスタイルでパーティを開くことは、多様性が豊かな現代においては自然なこと。

親は誰よりも積極的に理解して、協力すべき存在でしょう。

第2章

結婚準備から結婚式まで

婚約が整ったら、いよいよ結婚式・披露宴の準備に入ります。主体はあくまで子どもたちですが、親がしてあげられること、かかわるポイントを踏まえ、サポートしてあげましょう。

婚約報告

計画性をもって最大限の配慮を

子どもが婚約したら、まずいちばん慎重に考えるべきは「報告」です。「いつ」「誰に」「どんな方法で」伝えるか、本人たちだけでなく親も一緒に考え、最大限に配慮する必要があります。

報告のタイミングや順番によっては、その後の予定を変更しなければいけないことにもつながりますので、慎重にしても、しすぎだということはないでしょう。

なぜなら、それは報告する側よりも、される側の気持ちや環境の変化に影響するためです。

婚約報告とは、単に婚約したことのみを伝えるだけでは足りません。結婚に関するスケジュールや、それに伴う変化などのビジョンも合わせて伝えるものと考えましょう。入籍、引っ越し、仕事、結婚式をするかどうか、その報告する相手を招くつもりがあるのか、ということまでの見こみが立っていなければ、報告の準備がじゅうぶんとはいえません。

親族・友人・職場ごと報告用のリストを作成

まず報告すべき人を「親族」「友人」「職場」ごとにリスト化して、順番やタイミングなどを計画します。早くても1カ月くらい先に「解禁日（情報公開日）」を設定して、それまではどんなに身近な人にも伝えないということにしておいたほうがよいでしょう。親子と両家がしっかりと協力し合うことで、信頼関係を深めることにもつながります。

リストを使って優先順位の高いところからはじめ、ひと通りの報告がすんだら、結婚式の準備、入籍など、新生活に移行する前に婚約通知のカードを出す、婚約披露パーティを開くなど欧米の風習にならったとり組みをするカップルもいます。

婚約報告のマナー

◆ 子どもの職場 ◆

基本は本人たちが報告します。親しい同僚よりも、まず直属の上司に報告するのがマナー。結婚しても変わらず働けるのか、退職や異動、仕事をセーブするなどの希望があるかということもその場で伝えます。結婚式に招待するつもりがなければ「身内だけで行なう」など期待をもたせないような配慮をするよう、子どもたちにアドバイスを。

◆ 友人 ◆

実はもっともトラブルのもとになりやすいのが、友人への婚約報告。今後のつき合いに大きく影響するものだと心得ておきましょう。相手を大切に思う表現に直結しますので、公平性や配慮がなによりも大事です。親の関係で子どもの友人に、もれ伝わるようなことがないよう、くれぐれも注意してください。

◆ SNSでの報告の注意点 ◆

子どもたち本人はもちろんのこと、親のアカウントから情報がもれることも近年見られる深刻な問題です。ついうれしくて、結婚を匂わせるようなことを発信してしまいがちですが、どこで誰が見て、どう受けとるかわからないので控えましょう。どれだけ親子で連携できるかが試される場だと肝に銘じて。

◆ 親族 ◆

日頃の関係性によるところも大きいため、いちばん難しいのが親族への報告です。基本的には親から、あらかじめ決めた解禁日からできるだけ時間差のないようにすませます。お正月やお盆など親戚が集まった席で、同時に報告すると平等でよい面もありますが、主目的の行事に影響がないように配慮しなければいけません。

結婚準備の基本

いまどきの結婚式のプランニングは「なぜ?」からはじまります。いわゆる「5W(WHY,WHO,WHEN,WHERE,WHAT)」のうち「なぜ結婚式をしようと思ったのか?」を軸に、誰を招待するか、いつ行なうかなどを考え、組み立てていきます。

「なんとなく」でどんどん計画がブレてしまったり、そもそも結婚式に時間や予算をかけるだけの価値を見出すことができなかったりするためです。なにげなく投げかけた希望や意見が、子どもたちの計画を大きく変更させたり動揺させたりすることになりかねないので、気をつけましょう。

リアルな親のQuestion

本人たちは結婚式を挙げる必要はないとの考え。親としては挙げてほしいのですが…。

A. 挙げてほしいと伝えましょう

ふたりにとって「必要」なものでなかったとしても、親の希望は立派な「結婚式を挙げるべき理由」となりますし、親子がともに満足感や達成感を味わうことができる貴重な機会となるはずです。費用やスケジュールに問題がある場合には、規模や時期を折り合うなど両家でよく相談しましょう。

ふたりの選択に理解と応援を

「結婚式を挙げること」は、今や当たり前のことではありません。職場や社会とのつながりや経済的な背景も、親世代とは感覚が異なる面もありますし、結婚によって働き方を変えようとすることが歓迎されない環境もあります。このような時代に、たくさんの選択肢から「結婚」と「結婚式」をふたりが選んだことやその理由を、親としてぜひ積極的に理解し、応援してあげてください。もしふたりの考えが理解できない場合にも、根気よく話を聞いてみましょう。

結婚式・披露宴を挙げるかどうか

◆ 披露宴・披露パーティを挙げた理由 ◆

1. 親・親族に感謝の気持ちを伝えるため ……… 75.8%
2. 親・親族に喜んでもらうため ……… 56.8%
3. 友人など親・親族以外に感謝の気持ちを伝えるため ……… 55.5%

ゼクシィ　結婚トレンド調査 2017　調べ

ほとんどが、自分たちのため（けじめ・記念）というよりも、誰かのため、誰かに何かを伝えたり表現したりするためのものと考えていることがわかります。自覚している理由がすべてとは限りませんが、理由なしに挙げることはないのがいまどきです。

check!

子どもと確認しておくこと

- □ 結婚式に求めること
- □ 結婚式で得たいこと
- □ 場所、人数など条件の優先順位
- □ 結婚式のイメージ
- □ 披露宴のイメージ

まずは漠然と抱いている思いやイメージを、言葉にして確認したり共有したりすることからスタートします。親として希望することや希望しないこと、通例だと思うことなどを率直に話し合っておきましょう。

◆ 結婚式やコミュニティに対する考え方 ◆

結婚式は行なうのが当たり前だ

思う 42.9%

結婚式をしたいと思っていた

思う 妻 85.7%　思う 夫 70.4%

ゼクシィ　結婚トレンド調査 2017　調べ

具体的なイメージより「なんとなく」「いつかは」と考えている人が多いように思います。積極的な希望とか憧れというより、通り道のようなものなのかもしれません。

ゲストを考える

リストに書き出して一緒に確認を

結婚式に本人たちが「誰を招待したいか」ということは「どんな結婚式をしたいか」とイコールです。そして、招待する人数は予算組みにも大きく影響するので、計画のなかでもっとも重要なポイントともいえます。

新郎新婦の準備は、思い浮かべた人たちをリストにして、最大と最小の場合を想定することからはじまります。親しい人ほどうっかり忘れてしまったり、親が招待したいと思っている人までは気が回らなかったりすることも。招待したい人がいる場合には早めに伝えて、もれがないようリストを一緒に確認すると安心です。両家の親族の人数がそろわないのはめずらしいことではないので、あらかじめそれぞれ了承していれば問題ありません。しかし、どちらかが当日に肩身の狭い思いをしないよう、不安要素は準備初期に解決しておくようにしましょう。

親族の招待で気をつけたいポイント

親族や親の知人のゲストを考えるとき、御車代（交通費と宿泊費の負担）は重要なポイントです。多くの場合、それぞれに親族間の

リアルな親のQuestion

遠方の親戚も招待したほうがよい？

A. **予算と予定 細やかな想定と配慮を**

めったに会えない親戚こそ結婚式で顔を合わせるのはよい機会となるはず。宿泊費や交通費を全額負担できない場合は事情を伝えて、それでも来てくれるなら甘えても○。新郎新婦と両親は当日親族につき添うことはできないので、到着から会場を出るまでの案内など心配がないよう事前に段取りを。

ルールがあるので両家で合わせる必要はありませんが、もし招く側がすべて負担する場合には人数や宿泊日数など費用の目安を確かめておいたほうがよいでしょう。

また、会場のテーブルごとの収容人数（10名掛け、6名掛け、4名掛けなど）に合わせて招待する親族を決めるのも、ひとつの方法です。

親は「お客様」ではないお迎えする側の気持ちで

招待する人はすべて、本人だけでなく、両家の親にとっても大切なお客様。相手側の関係者も含めて、親は「お迎えする」という立場、気持ちで臨みましょう。親がお客様気分になってしまわないようにしてください。

ゲストの人数を考える

披露宴・披露パーティの招待人数

1. 80～90人未満 …… 15.2%
2. 30人未満 …… 13.0%

平均 70.2人

ゼクシィ　結婚トレンド調査2017　調べ

わが家の場合 MEMO

check!

ゲストはどんな顔ぶれ？

- □ 身内・家族のみで
- □ 親族中心で
- □ 親族と親しい友人で
- □ 友人中心で
- □ 仕事関係など広く招いて
- □ 公私グループ・居住エリアごとに複数回

結婚式をふたりと家族がどのようなものと位置づけるのか、目的やイメージと招待する顔ぶれは連動します。頭で思い浮かべるだけでなく、実際に書き出してリスト化しましょう。

日取りを考える

日程重視か条件重視の2パターン

日取りについては「この日、この時期がよい」という希望から決める場合と、集まりやすさなどゲストへの配慮や条件面から決める場合があります。記念日や仕事の都合などから希望の日にちが絞られている場合は、日程重視で会場探しやスタイルを考えることになりますし、早めの予約が有効です。

もし希望する日程がない場合には、気候のよい春と秋、オフシーズンの特別プランが期待できる夏や冬、準備の時間がじゅうぶんにとれる時期など、ふたりの考え方や条件に合う日取りを考えます。

実際、ふたりの記念日や誕生日など日時にこだわるカップルは多いので、お日柄（六輝）やシーズンを優先しないことも多いです。多くの情報のなかから総合的に考えて決めるはずなので、親として希望や意見がある場合には「なぜ」その時期、その日取りがよいと思うのか、率直に伝えてみてください。

もし子どもたちと意見が合わない場合「入籍日」は大安・友引にしてほしいとか、入籍と日を変えて「挙式日」は集まりやすい時期・日にちにするなど、互いに納得して譲り合えるポイントを探してみましょう。

リアルな親の
Question

本人たちは平日休みで、親は土日休み。やはり平日に行なうべき？

A. **曜日以外の条件で比較検討を**

平日と土日とで、親族や新郎新婦が招待したい友人のどちらかがまったく出席できないとなれば、親族向けと友人中心のパーティをそれぞれ開催する方法もあります。どちらかに合わせられるのならば、費用面など曜日以外のメリット、デメリットで比較を。職場のつき合いにも理解を示してあげてください。

日取りのいろいろな考え方

◆ 挙式の実施曜日 ◆

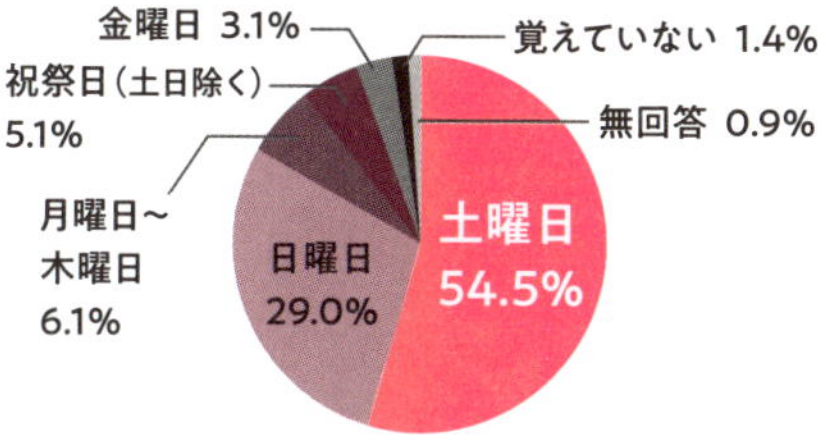

ゼクシィ　結婚トレンド調査 2017　調べ

休前日の人が多い「土曜日」が最多。遠方からのゲストを配慮した日時設定など、当人よりゲスト本位の決め方が主流。

わが家の場合 MEMO

check!

本人たちの優先順位を確認しておく

- □ 日にち（誕生日・ふたりの記念日）
- □ 好きな季節・都合のよいシーズン
- □ お日柄・六輝
- □ 曜日（土・日祝・平日）
- □ シーズンプラン・価格

◆ 挙式を実施した月 ◆

1. 10月 ………… 13.3%
2. 11月 ………… 11.0%
3. 5月 ………… 10.1%

ゼクシィ　結婚トレンド調査 2017　調べ

伝統的に「秋」が一番人気。気候のよさ、仕事面、農家の収穫後など多面的な理由から。祝日が多く気候のよい5月も上位に。

わが家の場合 MEMO

◆ 挙式実施日の暦［六輝］ ◆

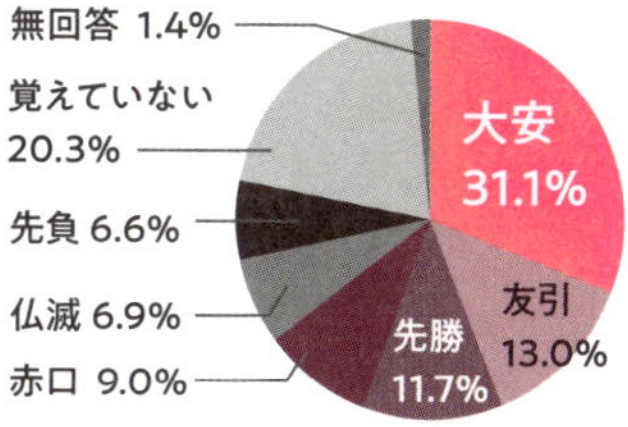

ゼクシィ　結婚トレンド調査 2017　調べ

六輝はいわば占いのひとつ。信じるかどうかは人それぞれです。両家で優先順位を共有し、納得して決めましょう。

わが家の場合 MEMO

結婚式・披露宴のスタイルを決める

結婚式のスタイルを決める

結婚式・披露宴のスタイルは62ページで考えた「なぜ?」や「誰を招待するか」に紐づいて決めるもので、目的や希望を軸に、それをどのように表現するかを考え選択することになります。「和と洋」「フォーマルとカジュアル」「おごそかさと楽しさ」など対極にあるものの組み合わせも自由なので、必ずしも挙式と披露宴はセットではないし、こうでなければいけないという型もありません。

例えばもし神前式を選んでも、ドレスにお色直ししてから、披露宴で花嫁が父親と腕を組んでバージンロードを歩くようなシーンを設けたり、キリスト教式を選んでも移動して料亭などで和装の披露宴をしたり、優先順位の高い希望なら、何もあきらめずにプランニングすることができます。

「式」については、イメージや衣裳から決めることが多いようですが、「誓い」もポイントのひとつ。「誰に・何を」誓うかということを考えて選択することも意義深い結婚式を実現する秘訣です。式や挙式場選びは参列者の顔ぶれ、人数に直結するので、披露宴と同じにするかも検討すべき点になります。

◆ 結婚式のスタイルを決める ◆

ゲスト	▶	結婚式のスタイル	▶	会場・食事
約＿＿＿人		＿＿＿＿式		＿＿＿＿＿

日取り
＿＿＿年＿＿月頃

わが家の場合 MEMO

さまざまな挙式のスタイル

神前式

▶P.118

神社や式場内の神殿で行なう、神道のしきたりにのっとった儀式。ふたりの幸せを祈念し、家同士の絆を固めるもので、原則親族のみで行なう。親族以外も参列できる場合もある。

キリスト教式

▶P.120

式場併設のチャペルや街の教会で行なう挙式。親族だけでなく友人知人も参列できる。バージンロードやベールアップなどロマンチックでおごそかなイメージのセレモニー。

リゾート婚

▶P.102

国内外のリゾート地や居住している土地と離れたエリアでの挙式。新婚旅行を兼ねてふたりだけで、または家族や一部の親しい友人の少人数で行なわれるのが一般的。

人前式

▶P.122

ふたりのために集まった参列者らを証人として誓いを立てるセレモニー。場所や衣裳、式次第に決まりはなく個性的な演出もできるのでオリジナリティを求めるカップルに合う。

リアルな親のQuestion

キリスト教式の挙式ですが、親にはリハーサルがない？不安です。

A. **所作や段取りは事前に必ず確認できます**

挙式のスタイルによらず、ほとんどの場合、当日の挙式前に立ち位置や所作、段取りなどのレクチャーがあります。しかし、短時間ですし、親のための練習の場ではないので、歩き方や腕の組み方などは事前に心得ておくほうが安心。模擬挙式に参列したり、自宅で家族と練習したりしてみてください。遠方で事前に式場に出向くことができない場合は、特別に前日などに時間をとって練習できるよう、担当のウエディングプランナーに相談してみましょう。

スタイル選びは内容よりもゲスト視点で

一般的に「ウエディング・スタイル」とは会場のカテゴリーをさすことが多く、ホテル・専門式場・レストラン・ゲストハウス・リゾートのいずれかがほとんどですが、近年ウエディングの実施経験がないようなめずらしい場所（キャンプ場や文化施設、別荘など）を選ぶカップルも増えて、さらに広い選択肢が与えられています。

「誰を」招待するか思い浮かべながら、立地や会場の知名度、収容人数、施設設備を総合的に検討することが必要です。披露宴の内容にはほぼ影響がありませんが、控え室の有無やバリアフリーなどゲストのケアにかかわることは比重が大きいので、慎重に考えたいポイントです。

また、披露宴の料理はゲストの満足感に多大な影響力をもつとされているため、おいしさや盛りつけの美しさ、オリジナリティを重視するなど、高い優先順位で考えるカップルが多くいます。西洋料理のフルコースが一般的ですが、日本料理や和洋折衷、イタリアンなど会場やシェフの得意分野を生かしてバリエーション豊かに展開されています。

ブッフェスタイルの場合は、想定以上にカジュアルダウンしないような見せ方や配慮が求められますので、プランニングにはプロのアドバイスが不可欠です。もしマナーや雰囲気が心配な場合には、会場の下見や試食、近いイメージの映像で確認できるよう、会場に求めてみてください。

◆ 披露宴・披露パーティを実施した地域を選んだ理由 ◆

1. **親・親族のアクセスがよいから** …… 58.1%
2. **友人のアクセスがよいから** …… 46.0%
3. **自分の地元だから** …… 26.0%

（複数回答可）

ゼクシィ　結婚トレンド調査 2017　調べ

交通アクセスのよさと駅近という実際の近さに加えて、わかりやすさと地名度が「集まりやすい」と考えられることもあります。

◆ 会場の場所は？ ◆

- **どちらかの郷里**
- **どちらか（orふたり）の現居住地**
- **海外・国内リゾート**
- **その他**

ふたりのイメージに基づいて「自由度や雰囲気で会場を選ぶ場合」と「ふたりにとって思い入れのある場所を選ぶ場合」があります。

会場と披露宴のスタイル

◆ 代表的な会場のスタイル ◆

● **ホテル**

宿泊、宴会、レストランなどの複合施設。多目的で利用されているため、施設設備が充実している。 地名度があり交通アクセスがよい場合が多い。

● **専門式場**

結婚式を主目的とした複合施設。独立型チャペルや神殿などの挙式場やガーデンを有しているなど、非日常的な空間で高級感や重厚感が演出されている。

● **レストラン**

料理重視のカップルに支持されており、食事を軸としたウエディングに最適。ゲストとの距離が近く感じられるため、アットホームな印象が強い。

● **ゲストハウス**

進化型の専門式場。迎賓館タイプ、ヴィレッジタイプ、高層階タイプなど、いずれも海外セレブの邸宅のような雰囲気。貸切感と自由度が期待できる。

◆ 披露宴のスタイル ◆

着席＋コース料理

もっともフォーマルで正式なスタイル。料理などのサービスが行き届き、落ち着いて食事・歓談してもらえる。

着席＋ブッフェ

席は決まっているが、料理はブッフェ台から好きなものが選べるスタイル。リラックスした雰囲気で進行できる。

立食＋ブッフェ

座席を用意せず、自由に歩き回るスタイル。会話や交流を主目的としたカジュアルなパーティが実現できる。

check!

親が確認しておきたいこと

- □ 模擬挙式に参加できるか
- □ 模擬披露宴に参加できるか
- □ 下見、試食できるか

結婚式・披露宴費用の援助

援助の準備があるか親子で話し合いを

結婚式の費用は、基本的にご祝儀を想定して計画しますが、ほとんどが「前払い」なので、ある程度は事前の準備が必要です。

70％近いカップルが親または祖父母から援助を受けたというアンケートがありますが、タイミングや金額はさまざま。親も子も、多くが切り出しにくい話題と感じているようですが、先延ばしにせず、できるだけ早く「用意がある」「期待している」という双方の思いをオープンにしたほうが吉。

「こんなはずじゃなかった」ということにならないために、早ければ早いほどよいはずです。

援助にはいくつかのパターンがあり、前払いのために一時「立て替える」とか、衣裳代や料理のグレードアップのぶんなど一部の項目を負担するとか、結婚祝いとしてある程度まとまった金額を渡す場合もあります。かつては「ゲストの人数を両家で折半する」のが一般的でしたが、いまどきは結婚するふたりが全額出すのを基本として、親はふたりに対して援助するという構図です。親子でよく話し合い、無理のない予算を計画してください。

リアルな親の
Question

新郎側がすべて出すといっています。うちの考えでは援助しない方向でしたが…。

A. 肩身の狭い思いをしないために

援助は両家で同じにする必要はありませんが、子どもや家族が肩身の狭い思いをしないために、まずは先方の思いを聞いてみては。その内容によっては、いくらか援助の用意をする必要があるかもしれません。子どもたちから確認できない場合には、担当のウエディングプランナーを通じて聞いてみましょう。

親からの援助、どのくらい？

挙式・披露宴・披露パーティの費用としての親・親族からの援助有無

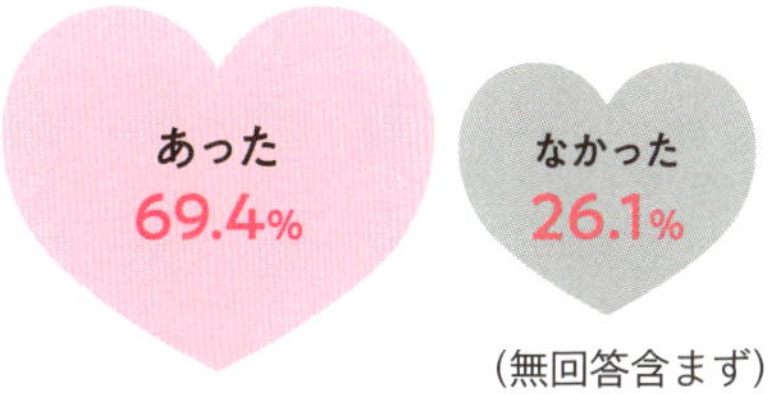

（無回答含まず）

ゼクシィ　結婚トレンド調査 2017　調べ

結婚式の費用としてだけでなく、新生活のための費用やお祝いという面もあるようです。「きょうだいにもしたから当たり前」「用意したけど子どもに断られた」など感覚はさまざま。

check!

親が援助する場合の内容

- □ 結婚式全体にかかる費用（見こみ）
- □ 親族の交通費（見こみ）
- □ 親族の宿泊費（見こみ）
- □ 心づけ（見こみ）

結婚費用（結納、挙式、披露宴、披露パーティ、二次会、新婚旅行）に対する援助

1. 100～200万円未満……36.1%
2. 200～300万円未満……25.3%
3. 100万円未満……20.3%

ゼクシィ　結婚トレンド調査 2017　調べ

親の援助は、結婚貯金などあらかじめ用意していた金額を渡す場合だけでなく、会場の初期見積もりから大幅にアップした場合などに、救いの手として期待されることも多いようです。頼られたときに想像以上で困ってしまうことのないよう、早めに限度額を共有しておくと安心です。

わが家の場合 MEMO

援助予定額

＿＿＿＿＿＿＿＿円

援助可能額（上限）

＿＿＿＿＿＿＿＿円

衣裳

新郎新婦の衣裳を選ぶ

基本は「着たいもの」先入観はとり払って

衣裳選びは「着たいもの」を考えるところから。「○○だから×× でなければ」という先入観や思いこみにとらわれず、本人が「着たいもの」や直感的にいいなと思ったものを着ることをおすすめします。自信がなかったり、似合うかわからないという場合には、衣裳店のスタッフなどプロのアドバイスに耳を傾けましょう。

挙式や会場の「スタイル」に合わせて衣裳を選ぶ場合もあれば、希望する衣裳のイメージから挙式や会場を選ぶ場合もあります。

衣裳の数が増えると、衣裳代だけでなくヘアメイクやブーケ、演出など予算に影響することも。大幅な変更になる場合には注意が必要です。

また、衣裳に関する親の希望や意見は子どもにとっては受け流しにくいもの。なにげなくいったことを重く受けとめている場合があります。試着時に同行したら、思いつきで発言せず、子どもたちの気持ちに寄り添ったり、盛り上げたりするよう心がけて。率直な意見を述べたり、うれしい顔を見せたりするのも、親にしかできないことです。特別な役目と心得てサポートしてあげてください。

リアルな親の Question

新郎新婦が40代以上の熟年婚なのですが、あまり派手にしないほうがよい？

A. 好きなもの着たいものを着せてあげてください

好みが定まり、似合うものがわかってくる年頃ですが、婚礼衣裳では意外性やインパクトも大事。派手すぎるものを選ぶというのはおすすめしませんが、普段着では選ばないような華やかなものを着るのも素敵です。遠慮したりせず、プロのアドバイスを参考に、着たいものを着せてあげてください。

衣裳を選ぶときには

◆ 新婦の衣裳を選ぶ際の親の関与状況 ◆

1. 興味関心はあまりなかった … 41.9%
2. 高い興味・関心があった ………… 33.4%
3. たくさんのアドバイス・要望があった ……… 17.7 %

ゼクシィ　結婚トレンド調査 2017　調べ

子どもたちにとって親の好みや希望は、実際にいわれていなくても気にしていることが多いように思います。プレッシャーにならないよう大らかな対応を。

◆ ウエディングドレスを探しはじめた時期と決定時期 ◆

披露宴の 検討開始時期
平均 6.6 カ月前

披露宴の 決定時期
平均 4.2 カ月前

ゼクシィ　結婚トレンド調査 2017　調べ

衣裳選びは1種類につき1回の試着予約で3～5点。何度も通ってたくさん着る場合もあれば、2～3回で小物まで決めてしまう場合もあります。人気店ではなかなか予約がとれない場合もあるので、動き出しは早いほうが安心です。

◆ 新婦の衣裳総額 ◆

平均 46.5 万円

ゼクシィ　結婚トレンド調査 2017　調べ

check!

衣裳は何着いる?

- □ 式で着る衣裳(新郎)
- □ 式で着る衣裳(新婦)
- □ 披露宴で着る衣裳(新郎)
- □ 披露宴で着る衣裳(新婦)
- □ お色直しの衣裳(新郎)
- □ お色直しの衣裳(新婦)
- □ 二次会で着る衣装(新郎・新婦)

新郎新婦の洋装

◆ 新婦の衣裳 ◆

カラードレス

お色直しで選ばれる色や柄のあるドレスの総称。花嫁のイメージや個性を表現できる華やかなアイテム。

ウエディングドレス（プリンセスライン）

ウエストからスカートがふんわりと広がったデザイン。ロマンチックなシルエットで大きな会場でも映えます。

ウエディングドレス（Aライン）

アルファベットのAのようにシェープした上半身から裾に向かって広がるデザイン。脚長効果があり人気。

check!

衣裳の準備

- □ 挙式時の衣装
- □ 披露宴１着目
- □ 披露宴２着目
- □ 借りるもの・買うもの（ドレス・下着・小物）
- □ 試着写真チェック

◆ 新郎の衣裳 ◆

タキシード（オリジナル）

新郎用タキシードと呼ばれるフォーマルウエア。タイやベストなど花嫁と合わせてコーディネートする。

タキシード（ブラックタイ）

欧米のフォーマルの一種。黒蝶ネクタイにカマーベルトが正式なスタイル。日本ではアレンジスタイルが人気。

新郎新婦の和装

◆ 新婦の衣裳 ◆

引き振袖

ふき綿のある振袖の裾を引くように着付ける和装。格調高い黒地が定番ですが、カラフルなものも人気。

色打掛

織りや染めのあざやかな打掛を羽織る、花嫁衣裳の代名詞。白無垢からの掛け替えやドレスからのお色直しにも。イラストは角隠しを合わせています。

白無垢《しろむく》

打掛、掛下《かけした》、小物のすべてを白で統一する式服の定番。挙式時には綿帽子と角隠しのどちらかを合わせます（イラストは綿帽子）。

check!

衣裳の準備

- □ 挙式時の衣裳
- □ 披露宴１着目
- □ 披露宴２着目
- □ 借りるもの・買うもの（下着・小物）
- □ かつら・日本髪・洋髪
- □ 試着写真チェック

◆ 新郎の衣裳 ◆

紋付き羽織袴

男性の正礼装「黒五つ紋付き羽織袴」のこと。黒無地の羽二重の羽織、５つの染め抜き紋、袴は縞の仙台平。

衣裳

親・親族の衣裳を選ぶ フォーマル

お迎えする側として最上級の装いを

親は結婚式にお招きする側の代表という立場なので、相手に感謝と敬意を表すために、格式高いフォーマルな装いで臨むものとされています。

格式とは和装・洋装ともに一般的に定められているもの。金額やブランドによらず、男性は「モーニング」「紋付き羽織袴」女性は「留袖」「アフタヌーンドレス」が最上級。男性の礼服や女性のワンピースなどは略礼装となります。

両家で格を合わせることは、お迎えする心もちとしても、両家のコミュニケーションが円満と見せる意味でも重要で、ゲストに余計な心配をさせないためにも特別な理由がないなら和装か洋装かや、フォーマル度をそろえたほうが無難です。

新郎新婦と同じ衣裳店でなくても、会場の提携店ならばほとんど試着なしで手配が可能です。留袖とモーニングはいずれもレンタルで3～10万円くらい。金額と質や状態はほとんど比例するので、相場よりも安いものはセットに含まれるものに不足がないか確認を。自前や親族のものを借りて着る場合、扇子、草履《ぞうり》、バッグなどの小物も忘れないよう用意してください。

リアルな親の Question

相手の親が留袖ならこちらも留袖にするべき？夫婦でも和装・洋装そろえる？

A. 母親同士は合わせる 夫婦は合わせなくて◯

特別な理由がある場合を除いては、留袖かアフタヌーンドレス、それ以外の略礼装かを母親同士は合わせたほうが無難。同じ衣裳店で見立ててもらうなどバランスをとると、なおよいでしょう。夫婦では「モーニングと留袖」など和洋ミックスしたスタイルが一般的。和と和、洋と洋にそろえる必要はありません。

父母・親族の衣裳の考え方

◆ 父親の衣裳 ◆

両家とも和装になじみがあれば紋付き袴も素敵ですが、ほとんどの父親はモーニングを着用します。本来は「昼」の正礼装と時間帯も決まっていますが、欧米スタイルのナイトウエディングでなければ、午後遅めの時間帯であってもモーニングを選ぶのが一般的です。靴や手袋までセットになっているレンタルが安心です。

◆ 母親の衣裳 ◆

留袖は草履やバッグまで一式レンタルできるので準備も安心。アフタヌーンドレスなど、洋装はレンタルよりデパートなどでの購入が多数派です。立場や会場、季節などによっても選び方が異なるので、のちの着回しよりもまずは今回のウエディングに合わせて検討するのが無難です。

当日の母親は想像以上に役目が多く、動き回ることになるかもしれません。親族の衣裳や着付けの予約などは、早めに段取りしておくと安心です。

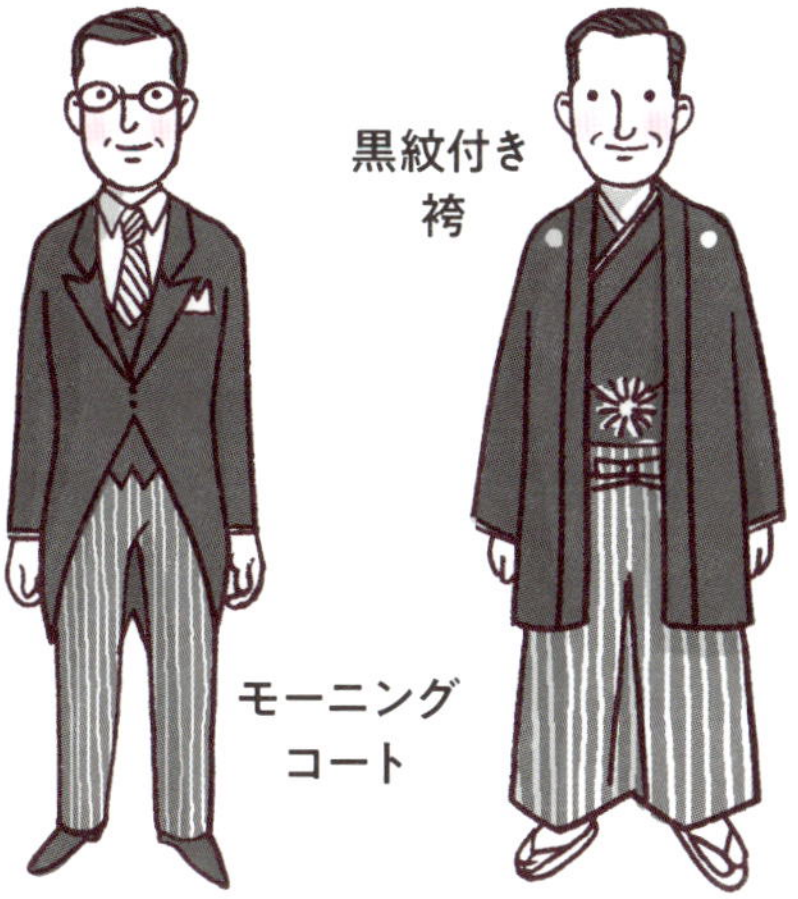

check!

父母・親族の衣裳

- □ 父は和装か洋装か
- □ 母は和装か洋装か
- □ 親族は和装か洋装かを聞く

◆ 親族の衣裳 ◆

男性の親族は礼服かスリーピースのダークスーツ。女性の親族は、近い間柄なら留袖（既婚）や振袖（未婚）かアフタヌーンドレス、それ以外は訪問着、ワンピース。小物にも気を配り、季節感や場に合った装いを。

衣裳

親・親族の衣裳を選ぶ

カジュアル／ヘアメイク

リゾート婚は家族で一体感のある装いで

リゾート婚（P.102）はフォーマルウェアを例外と考え、準備に負担がなく土地や気候に合った装いがベター。ハワイならムームーとアロハシャツ、高原リゾートならブラウス・ロングスカートとジャケット・チノパン、など新郎新婦がイメージする雰囲気に両家両親が寄り添い、一体感を演出するのも共同作業のような楽しみとなるはず。相手の家は何を着るのだろうと探り合うのではなく、おそろいにしてしまえばコミュニケーションの糸口にもなります。

ヘアメイクも装いの一部と楽しんで

ヘアメイクなど身だしなみは装いの一部です。「この日のために」という準備はむしろ好印象で、動き回って360度方向から見られる立場となる両親は、散髪やネイルなど隅々までケアしておくと自信をもってふるまうことができるでしょう。この機会にネイルやまつ毛エクステ、シェービングに挑戦してみるのもおすすめです。当日は、行きつけの美容室でもかまいませんが、どちらかといえば会場内の美容室を利用したほうがスケジュール的に安心です。

リアルな親のQuestion

会場でヘアメイク、着付けを頼みたいのですが、子どもをとおす？式のどのくらい前に予約？

A. 大まかな予約はできるだけ早めに

まずは子どもたちに確認して、OKなら会場や美容担当に直接連絡を。予約は、詳細な人数や内容が確定していなくても希望する旨はできるだけ早くに伝えて。その際に詳細を確定する期限の確認を。費用は、披露宴全体と合算で前もって支払うのが一般的。金額と支払い方法も予約時に確認しておきましょう。

リゾート婚・カジュアルなパーティの場合

◆ リゾート婚 ◆

ムームー・アロハシャツなど

ビーチリゾートや森の中のホテルなどリゾートといってもさまざまです。土地や気候に合ったもので、かつ企画性のある装いで一体感を楽しむのも、リゾート婚の醍醐味です。

◆ カジュアルなパーティ ◆

ロングドレス・スーツでも OK

カジュアルなパーティやアウトドアのウエディングでは、お迎えする側もフォーマル一辺倒ではなく場に合ったものを選びます。普段着ではなく上品で上質、軽やかなものを。

わが家の場合 MEMO

衣裳は何をどこで手配するか、美容室の着付け予約や入館時間など書きこんで確認してみてください。

名前	続柄	衣裳	ヘア	メイク	入館時間
	新郎父				
	新郎母				

招待状作成と発送

どんな結婚式になるか決定づけるアイテム

招待状はふたりの結婚や結婚式への思いがはじめて「かたち」となる重要なアイテム。以後の準備がスムーズに進むかどうかを占うものといってもよいでしょう。招待状は「デザイン」や「情報の細やかさ」だけでなく、発送の段取りなども含めて、印象のよし悪しをゲストに与えます。

まずは「差出人」ですが、以前は両家の父親の名前で出すことが一般的でした。しかし、近年は新郎新婦の名前で発送することが多いようです。差出人はウエディングの「主催者」を表明するものなので、地域性や招待する顔ぶれを考慮して、差出人として誰の名前がふさわしいのか親子で話し合う場をもちましょう。

また「宛名書き」や封入作業の丁寧さも、受けとる側には強い印象を与えるものです。手書きでなくてもかまいませんが、家族・親族の中で字がきれいな人の手を借りることも多く見られます。

本人たちがどんなデザイン、どんな文面を考えているのか早い段階で共有し、準備や作業の協力を申し出るかたちで声をかけると子どもも相談しやすいはずです。

リアルな親の
Question

招待状の返事が来ないときはどうする？

A.
期日がすぎたら確認の連絡をしてもOK

「いったつもり」など相手がすでに返事をしたと思っていることも。「ご出席いただけますよね？」「念のため確認させてください」などと控えめな言葉を選んで、確認したほうがよさそうです。「まだわからない」という場合はプランナーと相談して待てる体制を整えて。

招待状の作成

◆ 封筒の書き方 ◆

招待状には、招待状（本状）、返信はがき、会場の地図、必要な人にふせんなどでメッセージを封入します。

❶ 封筒の大きさや重さに合わせた慶事用切手を貼ります。同封する返信はがきにも忘れずに貼ってから封入します

❷ 夫婦や家族を招待する場合は連名で。４人以上の家族の場合には代表者の名前に並べて「御家族様」とします

❸ のりづけをした上から、専用のシールで封をします

❹ 差出人の住所と名前。両家の父親の場合は、封筒には新郎新婦の名前を書きません。新郎新婦が一緒に住んでいる場合は、実家か新居の住所で連名にするかを相談しましょう

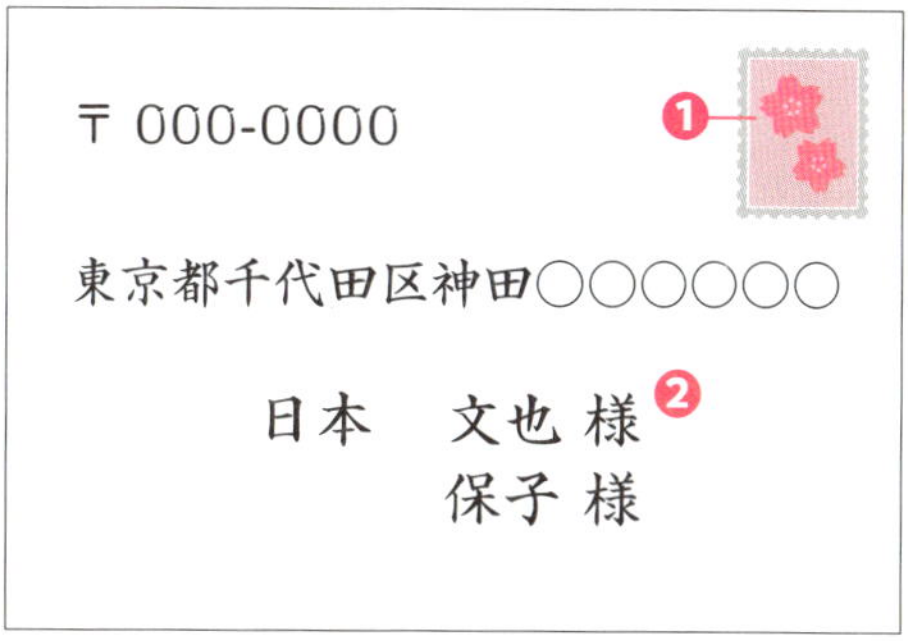

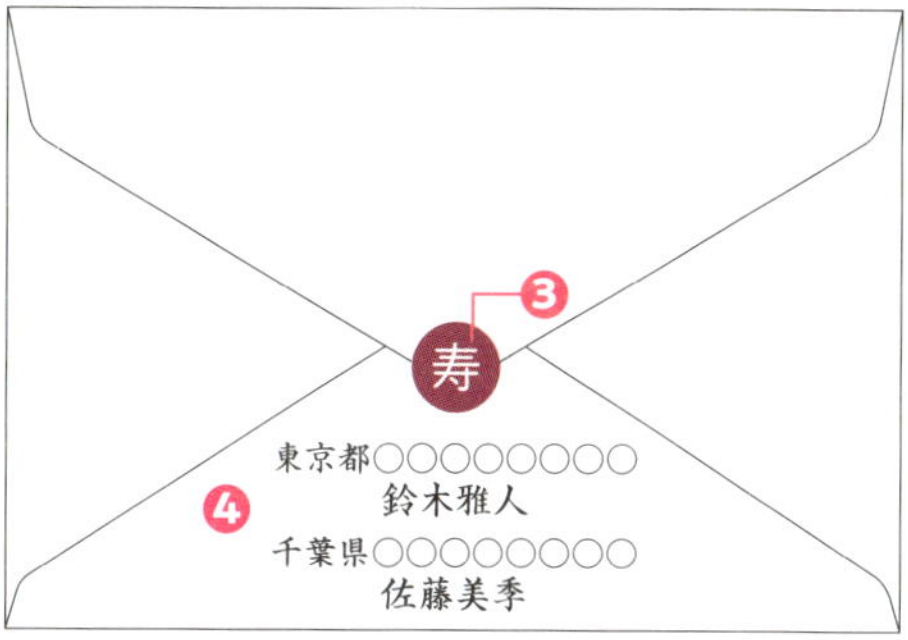

check!

招待状の作成と発送の注意点

- □ 文面に句読点や忌《い》み言葉は使わない
- □ 返信期日は結婚式の１カ月前を目安に
- □ お盆やお彼岸の発送は避ける
- □ 結婚式の２カ月前の吉日にいっせいに発送
- □ 手渡しのほうが丁寧（会える日を待って遅れないように）
- □ 封入にもれがないよう、きちんと確認する

引出物／演出

一世帯に1セット
贈り分けが主流

引出物とは一般的に「記念品」と「お菓子」のセットで、「縁起もの」と呼ばれるかつおぶしや赤飯などを加える場合もあります。

もともとは「割れない数」の3品が基本でした。しかし、いまどきは、地域や家ごとの慣習により、2品とお見送り時のプチギフトを3品目と数えることが、一般的な考え方となってきています。記念品は想定されるご祝儀の10分の1程度、お菓子は相手によらず1000〜1500円のものが相場です。

また「贈り分け」といって親族や友人など関係や年代によって記念品を選び分けるのが一般的で、ゲスト全員に同じものを贈るほうが少数派です。

親の登場シーンが
多いのがいまどき

テーマや目的意識の強いいまどきのウエディングは、親の登場シーンが多い傾向にあります。子どもには親と体験を共有したい思いがありますが、苦手な場合は率直に伝えてください。ムービー用の写真を選んだり、手づくりアイテムを手伝ったり、準備期間のサポートも一緒に楽しめると素敵ですね。

リアルな親の
Question

相手の親は引出物にカタログギフトを希望。こちらのゲストは違う品物に変えてもOK？

A.
贈り分け方式でOK
伝え方は慎重に

両家で同じものを贈るべきという決まりはないので、家ごとやゲストに合わせて選んで問題ありませんが、事前に子どもを通じて伝えておくと安心です。感覚や好みは人によって異なるものなので、相手の選ぶものを否定したり、誤解されたりしないよう、子どもにも言葉を選んで伝えるようにしましょう。

ギフトの内容と費用

第2章
引出物／演出

◆ 引出物人気ランキング ◆

1. カタログ式ギフト……72.8%
2. 食器類……35.7%
3. タオル、傘などの生活用品……19.9%

（複数回答可）

ゼクシィ　結婚トレンド調査 2017　調べ

近年は「もらって迷惑にならない」が最優先。カタログ式ギフトのバリエーションが増えたこともあり、根強い人気があります。

◆ 招待客によってギフトの贈り分けをした？ ◆

贈り分けした……85.1%

平均 4.0 パターンを用意

ゼクシィ　結婚トレンド調査 2017　調べ

◆ ひとりあたりのギフトの費用 ◆

平均 6,400 円

（引出物、引菓子、プチギフト含む）

ゼクシィ　結婚トレンド調査 2017　調べ

実際には地域差や個人差もありますが「喜んでほしい」「迷惑にならないものを」と金額よりも内容重視で選ぶ傾向が見られます。引出物袋は 500 円程度が相場です。

わが家の場合 MEMO

演出について確認したいこと

check!

演出で確認しておきたいこと

- □ 全体の進行イメージ
- □ 親の登場シーン
- □ 参加したい・あまり参加したくない
- □ とくにお礼を伝えるべきゲスト
- □ 親として希望すること

サプライズが流行し、親が進行を把握していないのがほとんどですが、スピーチをしてほしい人がいることや、親はあまり目立ちたくない場合などは、重要なので、機会をつくって早めに話し合っておきましょう。

披露宴の席次

各卓の顔ぶれにも細やかな配慮を

披露宴の席次は上座・下座というような序列と、ゲストがそれぞれのテーブルで気持ちよくすごせるようにする個人的な配慮の両方が、同じくらい大事です。「気にしないタイプだから」と楽観して、ゲスト同士が気をつかうことになってはいけませんし、写真や印刷した席次表として記録に残るものなので、配慮に欠けてお互いにあと味の悪い思いをしないようにしましょう。

テーブルごとの順位と、その中の席の順位を軸に、小さな子どもがいる夫婦などなんらかの事情で席を配慮した場合には、その旨をゲスト本人に伝えてもよいかもしれません。

異なるグループが同じテーブルを囲む場合には社交的な人を境目に配置したり、喫煙や余興の準備で長く席をあける人が多いテーブルでは残る顔ぶれを考慮したりと想像力を働かせて検討を。初対面のゲストが多い場合には、会話のきっかけとなるような席札などのペーパーアイテムを用意するという方法もおすすめです。

親子で知恵を出し合って考えると、当日ゲストに会うのが楽しみになるという効果もあるでしょう。

リアルな親の Question

相手のゲストのほうがこちらより多いのですが、席次はどうすればよい？

A. テーブルプランは自由ゲスト目線で工夫して

会場を真ん中で分けるのではなく、上座と親族席以外のテーブルをあてるようにします。ゲストが肩身の狭い思いをしないよう、会場に合ったレイアウトの選択肢がどのくらいあるのか、担当のウエディングプランナーに一緒に考えてもらうのも手です。

席次の考え方

◆ 丸テーブルの場合 ◆

どこからでも見通しがよく、人数の増減の対応もラク。テーブル単位で会話ができ、なごやかなイメージが実現できます。

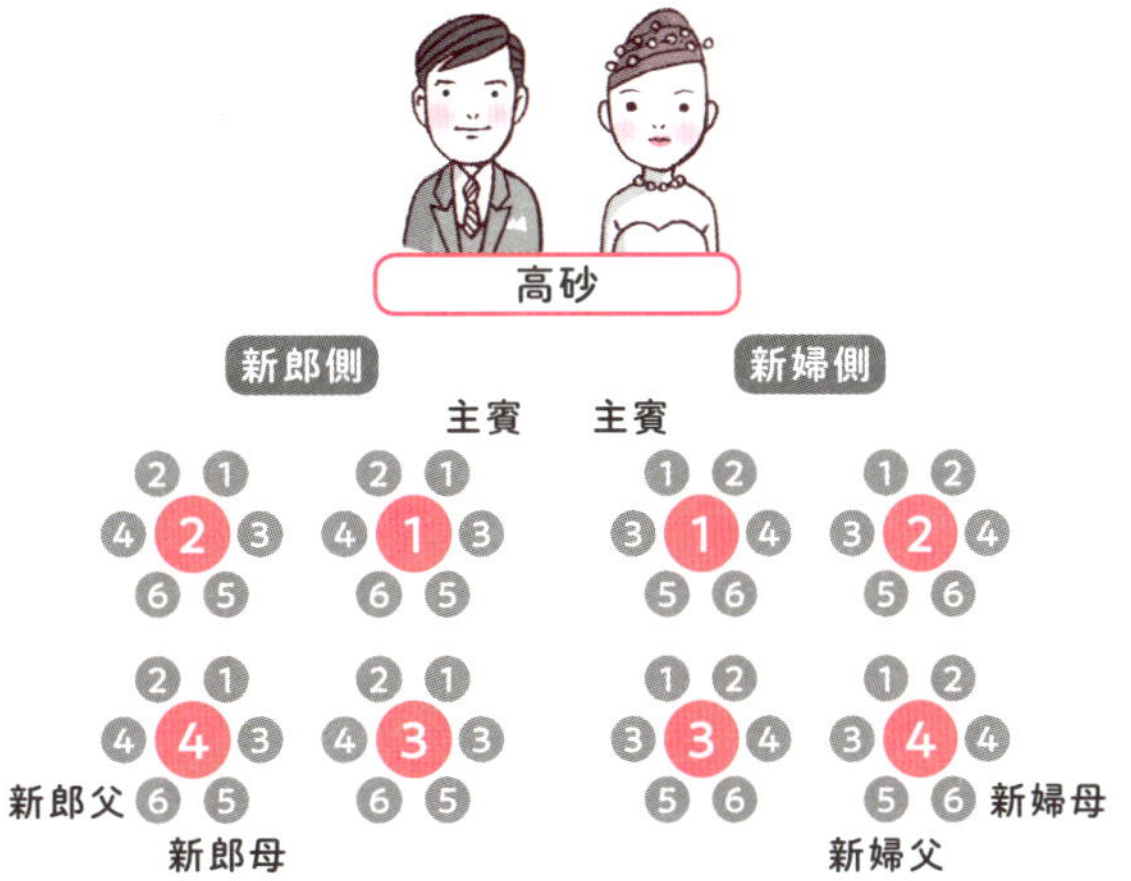

◆ 長テーブルの場合 ◆

フォーマルな晩餐会スタイル。格式高くラグジュアリーな雰囲気を演出できます。動き回るのにはあまり適していません。

check!

席次を考えるときには

- □ 丸テーブルor長テーブル
- □ 1卓あたりの人数
- □ 子どもが招待する人数（グループごとの内訳）

わが家の場合 MEMO

親の謝辞原稿

誠意と感謝を伝えるまたとないチャンス

結婚式（披露宴）における謝辞とは、出席のお礼と今後の変わらぬつき合いを願い伝えるものです。主催者として、親として、子どもたちが日頃親しくしている人たちに直接言葉を届けることができるまたとないチャンスです。

職場やプライベートで、この先長く子どもたちを支えてくれる存在となるであろう人たちに対して、どんな言葉をどのように伝えるか、最大級のプレッシャーを感じる場面でもあります。

基本的には、一般的な定型文をベースとするのがよいでしょう。人前で話すことに慣れていても、この場ばかりはアドリブはリスキー。実際、緊張したり、あふれる思いの整理がつかなかったり、伝えたいことがうまく言葉にならなくなる人が多いようです。それはそれで印象深く感動的な光景ですが、親本人にとっては想定外で、悔いにつながることも。

また、事前に書いてきた原稿を読むことはまったく問題ありません。むしろしっかりと準備してきた姿は誠実な人柄と感じさせます。ひと言前置きして、堂々と読むことがおすすめです。

どう締めるか、演出も頭の片隅に

多くの場合、父親の謝辞のあとに新郎が謝辞をするため、つながりも頭の片隅に置いて「どう締めるか」を考えておくと、さらにかっこよく、ゲストが安心して心を寄せることができるでしょう。

もし原稿を読んでいたとしたら、結びには原稿を閉じて頭を上げ、ゲストに向かって「本日は誠にありがとうございました！」と少し声をはると拍手のタイミングもわかりやすく、新郎謝辞にもつながりやすいはず。並ぶ母親も合わせてお辞儀すると美しく見えます。

知っておきたい、謝辞のあれこれ

◆ 謝辞で避けたほうがよい言葉・表現・話題とは ◆

伝統的に、幸せを願う結婚式においてふさわしくない＝使うべきではないとされている言葉や表現があります。お祝いの場ならではの慣習や基本をおさらいしておきましょう。

●忌《い》み言葉

不吉なことを連想させる言葉のこと。別れや不幸につながるような単語（分ける、去る、切る、壊れる、絶える、死、苦など）は、言葉を置き換えて表現します。

●重ね言葉

結婚式において避けるべき忌み言葉のひとつ。「重ね重ね」「またまた」「かえすがえす」など。再婚を連想させる言葉（戻る、繰り返す、帰る、再び、改めて、など）も避けるべきとされています。

●避けたい話題

信仰や政治など個人的な思想にまつわる話題、妊娠・出産に関する話題は公式なスピーチには用いるべきではないとされています。親族の謝辞は、ほめすぎたり謙遜しすぎたりしないことや、言葉のうえの距離感にも注意を。

わが家の場合 MEMO

◆ 親の謝辞スピーチの流れ ◆

1. **はじめに** 姿勢よく立ち、自分の立場と名前を述べる。
2. **感謝の言葉** 結婚式を通じて感じた感謝の思いを伝える。
3. **親としての思い** 子どもたちに向けて、思いや願いを伝える。
4. **今後のおつき合いのお願い** 招待客にふたりを見守ってほしいとお願い。
5. **結びの言葉** 定型文をベースに、しっかり締めくくる。

◆ 練習と準備 ◆

文字のうえでは問題なくても、実際に口に出してみるといいにくい、発音しにくい場合があるものです。当日緊張して口が回りにくくなったとしても心配ないような準備をしておくことをおすすめします。
原稿が完成したら必ず声に出して読み、つまずくところをチェックします。スムーズに話すことができるまで繰り返し練習しましょう。もし覚えて「読まない」としても、清書した原稿（A5サイズ程度、二つ折りのカードなど）を用意して内ポケットに入れておくと安心です。

オーソドックスな謝辞原稿（例）

❶

本日はお忙しいなか、大勢の皆様にご列席賜りまして、厚く御礼《おんれい》を申し上げます。

新郎の父、○○一郎でございます。○○、△△両家を代表いたしまして、ひと言ごあいさつをさせていただきます。

❷

本日は皆様からたくさんのご祝辞や心温まる励ましのお言葉をいただきました。

私ども両親、親族にとりましても、誠にありがたいことと、深く感謝申し上げます。

❸

××（新郎名前）はひとりっ子で、小さい頃は内弁慶なところがあり心配しましたが、幸い、出会いに恵まれ、友だちや先輩の皆様のおかげでさまざまな経験やチャレンジをしてこられたのではないかと思います。

そして、○○さん（新婦名前）という優しく素敵な女性と出会い、今日を迎えることができましたことは、親としてこのうえない喜びでございます。

ふたりには、今日の喜びと感激を忘れぬよう努力を続け、皆様のご期待に添えるような、明るく楽しい家庭を築いていってほしいと願っております。

❹

とはいえ、若いふたりのことでございます。今後とも皆様にはお世話になることと存じますが、これからも変わらず、温かいご指導、ご支援のほど、何卒よろしくお願い申し上げます。

慣れない宴席で不行き届きの点もあったかと存じますが、どうかお許しください。

❺

結びに皆様のご健康をお祈り申し上げ、両家代表の言葉とさせていただきます。

本日は、誠にありがとうございました！

❶ はじめに

姿勢よく立ち、早口にならないようゆっくりはっきりと、自分の立場と名前を述べます。マイクのスイッチは気にせずに渡されたまま話して。

❷ 感謝の言葉

出席してくれたこと、お祝いの言葉をかけてくれたこと、これまでのつき合いに対して、など結婚式を通じて感じた感謝の思いを伝えます。

❸ 親としての思い

小さい頃のエピソードや今感じていることなど、子どもたちに向けて、思いや願いを伝えます。親子の関係性やキャラクターがわかると◎。

❹ 今後のつき合いのお願い

ゲストにこれからもふたりを温かく見守ってほしいとお願いします。わかりやすい言葉ほどストレートに親としての愛が伝わります。

❺ 結びの言葉

ラスト一行の前にひと呼吸あけます。少し声をはる感じで拍手のポイントがわかりやすいよう、ゲストのほうへ顔を上げて声をはります。

いろいろなケースの謝辞原稿（例）

このたび、○○様ご夫妻には、ご媒酌の労をおとりいただきました。心から御礼申し上げます。

◆ 媒酌人がいる場合 ◆

ゲストへのお礼のなかで、媒酌人へのお礼の言葉もひと言加えます。
媒酌人とは、新郎新婦にとって結婚式以後も長くつき合う社会的後見人のような関係で、結婚式にもアドバイスをもらい、新郎新婦にまつわる全般をサポートしてくれる立場です。当日にお招きするだけの主賓とは大きく異なり、準備段階からしっかり交流して意見をうかがうことになるので、謝辞ではその特別な感謝の思いを短い言葉で伝えることになります。

◆ カジュアルなパーティの場合 ◆

カジュアルなパーティや1.5次会（二次会の前の集まり）など、新郎新婦の名前で招待状を出している場合、必ず父親が謝辞をしなければいけないわけではありませんが、カジュアルだからこそ、しっかりとしたお礼の言葉を述べると、よい印象を与えます。その場合は全体的に短めに、また、パーティの企画や準備を子どもたちを信頼して任せたことや、その非礼に対するひと言を加えるとよいでしょう。

宴席におきましては、行き届かない点も多かったと存じますが、何卒お許しくださいますようお願い申し上げます。

若いふたりが力を合わせて計画してまいりましたパーティでございます。いたらぬ点もあったかと存じますが、おつき合いくださいまして心より感謝申し上げます。

わが家の場合 MEMO

◆ おめでた婚の場合 ◆

結婚式の日に新婦がおめでたであることは、今やまったくめずらしいことではありません。結婚式準備中に妊娠がわかることや、妊娠をきっかけに結婚を決めることなど、多様性豊かな時代ですから、タイミングもそれぞれ。

親は後ろめたいような表現をせず、喜び、誕生を心待ちにしていることを素直に表現してかまいません。ただし、妊娠の週数によっては体調を気づかい、あえて触れないのもアリ。子どもたちに安心感が残るよう、冷静な判断のうえ話す内容を決めてください。


皆様もご存じのように、○○さんのおなかでは新しい命が育まれております。

次の春には孫の顔が見られると思うとうれしい限りです。


皆様ご存じのことと思いますが、ふたりは新しい命を授かりました。

これは私たち親にとりましても大変うれしいニュースでした。


ふたりには新しい命と向き合う覚悟をしっかりもって、力を合わせてよい家庭を築いていってほしいと願うばかりです。

◆ 子連れ婚の場合 ◆

子どもと一緒に結婚式を迎えることも、いまどきは増えていますが、その背景や思いはそれぞれ。

例えば、結婚式をしないまま結婚生活がスタートした夫婦が子どもをもち、仕事や生活が安定したタイミングで結婚式をすることを決めた場合、家族のイベントのようなセレモニーやパーティを希望することも。一部タイムスリップするような感じでスタンダードな結婚式のスタイルを選ぶこともあります。

新郎新婦の思いに寄り添い、最適な言葉を選ぶようにしてください。

結婚式は挙げないものと思っていましたが、このような晴れやかな日を迎えることができ、感無量でございます。

ふたりは子育てに奮闘しながらもこの日を夢に描きがんばってまいりました。△△（孫の名前）にとりましても、記憶に残る特別な日になったのではないかと思います。

本日は××と○○さんのふたりの結婚というだけでなく、私どもにとりましては、△△という孫ができた日でもあります。

これまで寂しい思いをさせてしまっていた孫の△△も○○さんをとても慕っておりまして、明るい笑い声が増えたように感じています。○○さんには大変感謝しております。

◆子連れ婚の場合◆
（前パートナーとの子どもを伴う再婚）

再婚カップルの結婚式もめずらしいことではありません。むしろお披露目やあいさつの場をしっかりともつことで新しい生活が円滑にスタートする効果が期待できます。
離婚や再婚というようなことに触れる必要はないので、この縁を喜び、これからの生活を応援するような前向きな言葉をかけるようにしてください。

◆再婚の場合◆

再婚カップルの結婚式では、独立した世帯と考え、親が謝辞をしないことも多いようですが、お迎えする側として、子どもたちが望む場合には、丁寧で控えめな心のこもったあいさつを。
謝辞だけでなく、以前に結婚式に招待した同じ顔ぶれは事前に把握しておいて、変わらずつき合いを続けてくれていることに対し直接感謝の言葉を伝えるようにしたいですね。

○○さんには、××（子どもの名前）の過去も受け入れていただき、結婚を承諾してくださった△△家の両親のためにも、ふたりには末永く円満な家庭を築いてほしいと思います。

ふたりは今日まで、皆様にご心配やご迷惑をかけながら遠回りしてしまいましたが、こうして心安らぐパートナーと出会うことができました。これからは、人生経験をしっかりと生かして、思いやりを忘れることなく手を携えて歩んでいってほしいと思います。

わが家の場合 MEMO

新郎父が故人の場合
（新郎母が述べる）

新郎の父親が出席できない場合、両家の代表としての謝辞は新郎親族（父方の年長者など）、新郎本人、新婦父など男性が行なうことが慣例的に多くみられますが、他界されている場合は父親の思いを母親が代わって伝えるのもよいでしょう。
両家代表としてのあいさつに、具体的なエピソードや思いを加えてお話しください。

＿＿年に他界いたしました父親○○に代わりまして、御礼《おんれい》のごあいさつをさせていただきます。

父親の○○は××が＿歳のときに、病気で他界いたしました。
誠に僭越ではございますが、代わりましてごあいさつをさせていただきます。

夫がこの場にいましたら、同じように感じたのではないかと思います。

新郎父が故人の場合
（新婦父が述べる）

新郎の父親が出席できない場合、いまどきは新婦の父親が両家の代表としてあいさつをすることが多いようです。
離婚などが理由の場合は、過度に触れる必要はありません。他界している場合には、同じ父親の立場から新郎の父親に対して思いをはせ、喜びを共有するような言葉を加えます。
配慮が感じられるだけでなく、寂しさより温かさのある場をつくれるでしょう。

誠に僭越ではございますが、××くんのお父様に代わり、両家を代表いたしましてごあいさつ申し上げます。

大変恐縮ですが、○○家・△△家両家の代表として私からごあいさつさせていただきます。

××くんのお父さんがご存命でしたら、この場をどれだけお喜びになったことだろうかと考えておりました。

わが家の場合 MEMO

××の母、△△でございます。両家を代表いたしまして、ひと言、御礼のごあいさつを申し上げます。

このような晴れやかな日を迎えることができることは想像もいたしませんでした。

結びに、皆様のご健康とご多幸をお祈りいたしまして簡単ではございますが、ごあいさつとさせていただきます。

シングルマザーの場合（離婚など）

シングルマザーは、子育て中から父親と母親の両方の役目をになうもの。新郎の母として、謝辞は堂々と行なうべきですが、一方で親ではなく親戚でもいいから男性がすべきと考える人も少なからずいるのも事実です。
思いや願いは最小限にまとめ、感謝を伝えることを軸にシンプルにまとめるほうが無難かもしれません。

父母以外がスピーチする場合

家の代表者として親族がふさわしい場合や、他界や病気などを理由に両親が出席できない場合などに、新郎新婦の両親以外が謝辞を行なうことがあります。
くわしい事情を謝辞で説明する必要はありませんが、その人ならではの視点やエピソードが加えられると、ゲストも安心感をもって聞くことができるはずです。

新郎××のおじ、○○と申します。××の父△△の兄でございます。新郎の父に代わりまして、ひと言御礼のごあいさつを申し上げます。

××の父△△は__年前、××が__歳のときに____で他界いたしました。以来、父親代わりのように接してきました。本日は皆様から身にあまるお祝いの言葉を頂戴し、私にとりましても感謝と感激の思いでいっぱいでございます。

わが家の場合 MEMO

新居探しと新生活の準備

同居するかどうかを含めライフプランを確認

子どもたちが新居を探すときに、まず確認しておきたいのは、親と同居するのか、別居の場合はどこで暮らすかについてです。自分たちと、あるいは相手の親と同居する意志があるのか、子どもたちの考えを聞いておきましょう。

結婚後すぐにというわけではなくても、子どもが生まれたら同居するなど、本人たちのライフプランを知っておくことは、親としても大切です。それによって、二世帯住宅にリフォームするなど、親の将来の計画を立てておかなくてはならないからです。

結婚後も本人たちが今の仕事を続けるのか、早い段階で子どもを望んでいるのかなどによって、新居探しの条件は変わってきます。子どもを望んでいる場合は、子育ての環境も考えなくてはなりません。どちらかの実家に近いほうが何かとサポートできてよい場合もあります。ただし、親世代がまだ仕事をしているケースでは、子ども夫婦が頼ってきた場合に、どの程度まで子育てのサポートができるかも伝えておきましょう。

周辺の雰囲気や利便性、安全面など、親の目でも確認しておくと安心です。

リアルな親のQuestion

結婚を機に二世帯住宅にしたいのですが、本人たちは賃貸にするといっています。

A. 先走り行動は関係悪化のもと

結婚後、本人たちの生活プランとか、親のプランを、お互いによく話し合うようにしましょう。本人たちの意志を確認する前に、二世帯住宅の準備を進めては、それをおしつけることになりかねません。子どもたちの気持ちが自然に向くまで待つことも良好な関係を保つためには必要です。

新生活の準備費用と新居への住み替え

◆ 結婚をきっかけとした新居への住み替え状況 ◆

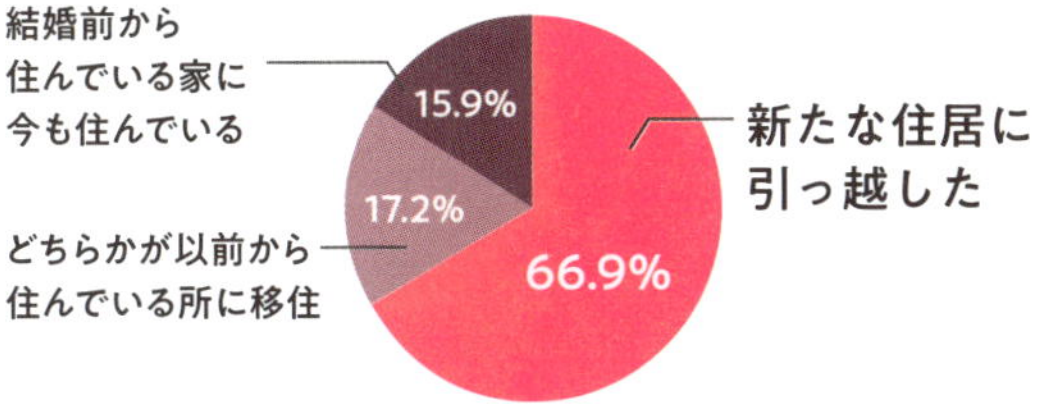

新婚生活実態調査 2017（リクルートブライダル総研調べ）

新たな住居に引っ越したケースが、66.9％と圧倒的に多くなっています。お互いの通勤時間や生活環境、子どもが生まれた場合など、具体的に検討したうえで、賃料や間取りを含め検討するように伝えましょう。

◆ 結婚を機とした新婚生活に対する購入費用 ◆

平均 56.3 万円

「インテリア・家具」「家電製品」いずれかまたは両方購入 ………… **68.9%**

新婚生活実態調査 2017（リクルートブライダル総研調べ）

挙式・披露宴にお金がかかる時期、新居に引っ越しをするとなると、家具や生活雑貨をそろえるだけでなく、引っ越し費用もかかります。挙式・披露宴で資金のすべてを費やさないように子どもたちにアドバイスを。

check!

新居はどんな家がよい？

- □ 家賃が収入に見合っている
- □ 暮らしやすい間取り
- □ じゅうぶんな収納がある
- □ 日当たり・風通しがよい
- □ セキュリティが高い
- □ 駅からの距離が適度
- □ 通勤の利便性が高い
- □ スーパーや商店街が近くにある
- □ 病院や公園が近く安全

結婚式前日までの準備と確認

子どものペースに寄り添って

結婚式が近づいてくると、子どもたちも親もお互い忙しくなり、短い業務連絡ばかりで思いやりに欠ける対応をしてしまったりします。

ゲストや親族からの連絡に対応したり、間際にならなければできない席次表などの準備に追われたりして、体や肌の調子を整えることができずにあせってしまうこともあるでしょう。余裕がないときほど、親のサポートは心強いもの。ペースや思いに寄り添って、ベストコンディションで当日を迎えられるよう、協力してください。

そのためにも、日が迫ってから「あれは？」「これは？」と質問攻めにならないよう、一度聞いたことはメモや表にして管理したり、会場に直接問い合わせたりして、子どもたちのプレッシャーにならないような工夫を。

チェックリストで指さし確認を

結婚式前日まではドタバタが定番。親子水入らずで静かにすごすイメージと現実とは、大きく異なるかもしれません。もし家族で特別な時間をもちたいと考える場合は、準備や親族の対応などで忙しくならないように、あらかじめ根回しをしておきましょう。

当日、子どもたちが日頃お世話になっている友人や職場の人たちに心のこもったあいさつができるよう、前日までに席次表の原稿などを利用してエピソードや注意点を聞いておくと安心です。遠方からの出席やとくにお世話になったことなど、それぞれに向けた感謝の言葉を用意できると喜ばれるでしょう。見ながら話すことはできないので、ある程度内容を覚えておくことも必要。持ちものや当日のスケジュールなど、チェックリストを書き出して、もれがないように準備したいですね。

前日までの確認

check!

持ちものリスト・新郎新婦

- □ 下着（新婦：ブライダルインナー、ストッキング）
- □ 下着（新郎：Tシャツ、靴下）
- □ 白いハンカチ
- □ ハンカチやスマートフォンなど手荷物を入れるポーチ
- □ ご祝儀を持ち帰るための大きめの袋
- □ 結婚指輪
- □ 婚約指輪　＊つけるなら
- □ 花嫁の手紙
- □ ウエルカムスピーチ・謝辞の原稿
- □ 挙式で使うもの（リングピロー、結婚証明書など）
- □ 受付で使うもの（ゲストブックなど）
- □ 飾るもの・展示するもの（ペーパーアイテム）
  手づくりしたもの
  購入したもの
- □ 演出に使うもの（プレゼントなど）
- □ 心づけ・御車代（予備も）
- □ 二次会で使うもの（受付リスト・景品など）

check!

挙式・披露宴までに親がしておくこと

- □ 会場の場所・交通アクセスの確認
- □ 会場内の動き・会場名やフロアの確認
- □ 新郎新婦の当日のスケジュール（メモする）
- □ 親の当日のスケジュール（メモする）
- □ 心づけや御車代を渡す人リストを子どもと共有
- □ 席次表をもとにした招待客の情報共有（あいさつするときの参考に）
- □ 携帯電話やデジカメの充電
- □ 親族に電話（確認と簡単なあいさつ）
- □ 当日子どもたちの代わりに持ち帰るものの確認

check!

持ちものリスト・親

- □ 衣裳に関係するもの（母：着替え・バッグ・靴など）
- □ 衣裳に関係するもの（父：着替え・靴下・下着シャツなど）
- □ 白いハンカチ
- □ クロークに預ける用の大きめのバッグ
- □ 謝辞の原稿
- □ 心づけ・御車代（予備も）

「もしも」の場合を考えておく

「もしも」は想定内 各所と共有して対応を

結婚式に「もしも」はつきもの。慌ててしまったり、落ちこんだりしてしまったり、冷静でいられるものではありませんが、まずは担当のウエディングプランナーや家族と情報共有して、どのような対応が適切か考えましょう。

会場やウエディングプランナーは、あらゆる「もしも」を経験し、想定していますので、きっとアイディアや選択肢を示してくれるでしょう。抱えこまずに早く相談してしまったほうが安心です。

case 1 子連れ婚。子どもが途中でぐずりだしたら…

新郎新婦の子や招待客の子どもがぐずってしまうのは想定内。普段とは違う雰囲気に気持ちが不安定になってしまうのはしかたありません。対応するために予定外の時間がかかったとしても、全体には大きな影響はないと、どんとかまえていてください。会場がホテルなら、親族がとっている部屋に連れていっても OK。新郎新婦や親が「予定と違う」という表情をしてしまうと、周りにも不安が伝わって雰囲気に影響してしまうもの。落ち着いて対処しましょう。

case 2 ゲストが急なキャンセル

とても残念ですが、がんばって気持ちを切り替えて対応しましょう。すぐに会場担当者に連絡して「料理・飲みもの」「席次表・席札」の手配と、スピーチやサプライズなどに影響があるか確認しましょう。
天候や交通トラブルによって当日に遅れるという連絡があった場合には、新郎新婦やその親ではなく、会場や本人のきょうだいなど、その場で決めた連絡窓口を伝えて経過を連絡してもらうようにしてください。

case 3 前日や当日、本人たち or 親の体調が悪くなったら？

軽い風邪など治療や安静でどうにかなる場合は、休憩用の控え室を用意したり、座ったままリハーサルをできるようにして、会場などに相談し、考えられるあらゆる対応をとります。苦しくないよう、衣裳のサイズを上げたり、途中から参加したりと医師と相談しながら最善の策を考えましょう。
つわりや持病、急性の場合には、欠席や延期で検討・調整します。日にちを改めるか、場合によってはやむを得ず中止とすることも。「ブライダル保険」を利用しておくと安心です。

case 4 当日、急な葬儀と重なってしまった…

可能な範囲で挙式の時間をずらしたり、遅れてくることを承諾してもらったりして対応します。

また、新郎新婦や親にとって近い人の葬儀には、参列できない人の連名でお花を贈るとか、後日お焼香に訪問するなど、理由を伝えて丁寧に対応しましょう。

case 5 結婚指輪を忘れた！

実はけっこう多いのが、指輪を忘れてしまうこと。親や親族のものを貸したり、会場が用意しているサンプルのものを使ったりして対応しますが、どうしても合うものがない場合は、指輪交換を行なわずに進行することもあります。

本来、指輪交換は、ないといけないことではないので「忘れた」とはいわずにとおします。

case 6 祝儀袋にお祝い金が入っていなかった

よく議論される話題で、難しいことですが、基本的に「入っていなかった」と伝えて問題ないというのが多数派の答えです。金額が想定よりも少なく非常識な内容と感じたとしても、ご祝儀はあくまで「気持ち」とされているので、いうべきではありませんが、入っていなかった場合は伝えたほうがよいでしょう。

早すぎても遅くてもいいづらくなるので、結婚式の5～10日後くらいに、責めたり恥をかかせたりすることがないようシンプルかつ控えめな言葉を選んで。もし「入れたはず」といわれたら、実際には入っていなくても「失礼なことを聞いて申し訳ない」と引き下がるほうが無難です。

column

リゾート婚の場合

海や山など、自然豊かな国内外のロケーションで行なうリゾート婚。海外、国内の特徴と、それぞれの魅力や気をつける点を紹介します。

海外ウエディングの基本と選ばれている理由

「海外ウエディング」とは、海外で行なう結婚式やパーティの総称。家族や親しい人だけを招くシンプルなかたちが定番なので、内容も準備も「わかりやすい」のが特徴です。また、結婚式の準備以外に「旅行」としての準備も必要で、そのうえ普通の旅行よりも考えるべきポイントが多いので、慣れていない人にとっては大変だと感じられるでしょう。

海外ウエディングが行なわれるのはおもに観光地で、街なかや秘境などさまざまな選択肢がありますが、実際は結婚式そのものというよりも、新婚旅行を兼ねた条件や、国やエリアへの憧れなどをもとに検討されています。

日本人に人気があるのはやはりリビーチリゾートで、なかでも圧倒的な人気を占めているのが「ハワイ」です。気

●海外挙式の検討・実施状況

実際に海外で挙式をした……6.4%
少しは検討したが行なわなかった……25.3%
具体的に検討したが行なわなかった……2.9%

●海外挙式の実施地域・国

ハワイ……65.5%　グアム……20.2%

ゼクシィ　結婚トレンド調査 2017　調べ

候やアクセス、安全面など総合的に条件が整っていますし、日本の企業による施設やサポートが充実しているのも選ばれている理由です。

　費用は、予算に合わせて選択肢が広いのも特徴で、シーズンやホテルのランクなどで調整ができますが、家族の旅行代を負担したり、ハネムーンらしい高級ホテルに泊まったりすると200万円を超すこともめずらしくはありません。

国内リゾート婚の基本と選ばれている理由

　日本国内のリゾート地で行なわれる結婚式が「国内リゾート婚」です。海や山などさまざまですが、旅行先として人気のエリアは、宿泊や施設設備の充実と写真映えも期待できるため、ウエディングでも人気です。このような観光地に住んでいる人にとっては地元婚になるわけで、内容に特別な定義はありませんが、リゾート婚には「家族や親しい人だけを招いて、こぢんまりと行ないたい」とか「家族水入らずのひとときをすごしたい」という理由が目立ちます。誰を招待するかというような人づき合いに頭を悩ませることが起こりづらいのもメリットといえるかもしれません。

　また、両家の実家が遠かったり、国内各地から親族や友人が出席したりする場合、ふたりが今住んでいるエリアや都市部である理由もないからと、思い入れや憧れのあるエリアと家族旅行を兼ねた場がもてることを希望するカップルもいます。

　費用は海外ウエディングと同様に、シーズンやホテルのランクなどで調整ができます。滞在日数が少なくても招待人数は多いとか、新婚旅行を兼ねるのか、など海外ウエディングと比較して検討するとわかりやすいでしょう。

● 国内リゾート挙式の実施場所

沖縄 ……… 29.5%
軽井沢 ……… 27.5%
北海道 ……… 10.2%

● 国内リゾート挙式の検討・実施状況

実際に国内のリゾート地で挙式をした ……… 4.4%

ゼクシィ　結婚トレンド調査 2017　調べ

column

リゾート婚 Q&A

Q. 両親・親族の旅費は誰が負担する？

A. 家ごとに違って OK。一部負担がおすすめ

こうするべきという慣例はとくにありません。すべてを新郎新婦が手配して、費用も負担することもありますが、一般的には「一部負担」が相場でしょう。結婚式のあとには、ついでにとそれぞれが好きな旅行を組み合わせる場合もあります。招待する前に、費用についての用意や考えを率直に伝えておくことが大事です。

Q. ゲストの旅費、宿泊費、お祝い金は？

A. ご祝儀は辞退。旅費は一部負担が相場

基本的に家族・親族の場合と同じ考え方です。新郎新婦が全額負担する場合もありますが、実際はできないことも多くあります。招待する前に、費用についての用意や考えを率直に伝えておきましょう。それでも来てくれる人には、予算の許す範囲で宿泊費や滞在中の食事の手配を。ご祝儀は辞退して、感謝は誠実に伝えましょう。

Q. 本人たちは挙式後現地で新婚旅行。親も旅行していい？

A. 基本的に OK。申しこんだプランの確認を

申しこんだプラン内、あるいは滞在延長が可能なら、OK です。しかし、新婚旅行の同行はご法度。新郎新婦からはいいづらいことなので、察して遠慮してください。結婚式の手配をしている会社に直接連絡をしたり、現地でホテルのコンシェルジュに聞いたりして、予定に合うオプショナルツアーに参加するのがおすすめです。

Point!

帰国後パーティって何?

「リゾート婚には招待できないけど、感謝を伝えたり､結婚報告をしたりしたい」というカップルにおすすめなのが「帰国後パーティ」。リゾートで撮った写真や映像ができ上がる１～２カ月後に行なうことが多いです。

パーティは、ご祝儀をいただいてコース料理を用意するスタイルや、会費制でカジュアルなブッフェにする場合など、形式や規模はさまざま。

リゾート婚と同じ衣裳をレンタルしたり、現地で買ってきたカジュアルドレスを着てもよいでしょう。旅行先で買った現地のお菓子をギフトにするなど、自由に考えることができます。

第3章

結婚式・披露宴当日

いろいろな苦労や大変だったことを乗り越え、いよいよ晴れの日。親と子、ゲストやスタッフが、みんな気持ちよくこの日を迎え、思い出に残る一日になるように、準備しておきましょう。

式前

結婚式当日 親の心がまえ

「ようこそ」と「ありがとう」のかまえで

結婚式当日は、お迎えする側の代表として、ゲストには「ようこそお越しくださいました」、式場には「お世話になります」という心がまえがよいでしょう。

両親も「お客様」として、気をつかわずに楽しんでほしいと、準備や費用のサポートを求めない新郎新婦もいます。しかし、そうだとしても、実際に事前情報なしで集合時間に出向くのは、周囲には違和感を与えます。過剰である必要はありませんが、子どもたちのために集まり、力を貸してくれる人たちに対して「ありがとう」の気持ちを表現するようにふるまおうとすることが「心がまえ」といえるでしょう。

当日に忘れものやアクシデントがあった場合には、新郎新婦本人たちではなく、まずは担当のウエディングプランナーなど式場スタッフへ。スケジュールを中心とした判断や調整に慣れていますし、新郎新婦を動揺させることなく解決できることも多いためです。

ほとんどの場合、当日は入館時間や支度の場所などが新郎新婦と異なるので、気軽に会えないものと思っていたほうがよいかもしれません。

リアルな親のQuestion

当日の朝、娘に渡そうと思っている品があります。いつ渡せばよい？

A. 式場スタッフに相談 男性陣と連携プレイを

式場スタッフを通じて、担当のウエディングプランナーに相談を。預けるのが心配なものの場合は、手渡しが可能な時間を確認して。両親の動きもスケジュールどおりに進行するので、父から新郎など、比較的支度時間の短い男性の連携プレイが有効な場合も。事前の約束は伝えて、最適の策を提示してもらいましょう。

当日のスケジュール（例）

わが家の場合 MEMO

時間　：
場所

式場入館、担当者にあいさつ ▶P.108、114

決められた時間に入館。早すぎても入れない場合があるので注意しましょう。

時間　：
場所

身支度（ヘアメイク・着付け） ▶P.108、114

家で整えて行くもよし、式場内で支度するもよし。式場内の美容室や更衣室を利用する場合は時間と場所の確認を。

時間　：
場所

親族にあいさつ ▶P.110

親族が式場に到着して迷っても連絡がつくよう、携帯電話を手元に。到着した親族を出迎えてあいさつを。

時間　：
場所

挙式リハーサル

時間　：
場所

親族紹介 ▶P.116

親族紹介のタイミングは式場の慣例に従います。親の役目、最初の大仕事です。

時間　：
場所

挙式 ▶P.118、120、122

呼吸を整えて、清らかな気持ちで臨みましょう。

記念写真撮影 ▶P.124

親族やゲスト全員での集合写真など。気の抜けない、大事なプログラムのひとつです。

ゲストにあいさつ ▶P.110

披露宴前に可能な限りゲストにもあいさつを。

時間　：
場所

披露宴 ▶P.126、130

披露宴中も親の役目はたくさん。メモを利用してチェックしましょう。

お見送り ▶P.144

お見送り完了まで気を抜かず、丁寧で細やかなゲスト対応を。

あいさつ・退館

式前

結婚式当日 親がすること

当日は挙式まで3段モードで

結婚式当日は3段階のモードがあると考えるとよいでしょう。身支度を整えるまでが1段階目。式場でフォーマルウエアに着替える場合も、完全な私服ではなく、適度な「よそいき」で入館しましょう。子どもの授業参観や入学式くらいのレベルをイメージすると適切かと思います。バスや飛行機など遠方から長距離移動して来る場合には、それよりもややカジュアルでも問題ありません。式場スタッフなど一部の関係者にしか会いませんが「よろしく」の気持ちで簡単なあいさつを。

2段階目は身支度が整ってから親族紹介や挙式リハーサルまでの時間です。親族を出迎えたり、式場内を歩き回ったりと少しずつ慌ただしくなってきます。親の緊張は子どもにも伝染するものです。落ち着いてエレガントなふるまいを心がけてください。

3段階目はズバリ「本番」です。親族紹介や挙式リハーサルなど、親としての役目がはじまります。何番目かの子どもだとしても式場によって異なることも多いので、はじめての気持ちで臨みましょう。わからないことはその場で式場スタッフに聞いてください。

リアルな親のQuestion

母はヘアメイク・着付けがあるのですが、何を着ていけばよい？父も同じ時間に行く？

A. 夫婦で話し合って最適の計画を

支度前、相手の親族などに会ってもいいような、ややフォーマルな服装が◎。着付けの前にヘアメイクを行なう場合もあるので、前開きのブラウスだと髪型を崩さず着替えられるので便利です。両親は一緒に入館し、個々のスケジュールで待機することが多いですが、それぞれ来て現地で合流してもOKです。

入館から親族あいさつまでの進行例

わが家の場合 MEMO

入館

父 母

指定の時間に式場に入ります。

持ちもの（P.99）をチェックして父母でそれぞれ管理するものを確認。

ヘアメイクや着付けのため母の入館時間が早い場合や、親族の出迎えがある場合は、父母そろって入館しなくてもかまいません。

担当者・式場スタッフにあいさつ

父 母 または 母

「おめでとうございます」と迎えられるので「おはようございます。〇〇〇〇（フルネーム）の父（母）でございます。本日はお世話になります」と答えましょう。

控え室や美容室などに案内されます。集合時間より早い場合はロビーなどで待ちます。

心づけ（P.114-115）を渡すならこのタイミングです。

身支度

父

集合時間の15分前までに着替えをすませます。モーニングの小物セットにある白い手袋は手にはめず、内ポケットに入れておきましょう。ポケットチーフやカフスなどつけ方がわからないものがあれば、美容スタッフか式場スタッフに声をかけてください。

母

集合時間の15分前を目安に着替え（ヘアメイク・着付け）をすませます。着替えた服や荷物はクロークに預け、フォーマルなバッグに手荷物をまとめましょう。携帯電話と白いハンカチ、ティッシュ数枚、口紅があればじゅうぶんです。

媒酌人にあいさつ

父 母（両家）

媒酌人がいる場合は、出迎えて、式場スタッフとともに控え室に案内します。出迎えやあいさつのため、一般的なタイムテーブルと異なる場合があるので注意を。

親族にあいさつ

父 母

それぞれの親族の到着を確認し、来ている人来ていない人を把握。集合時間が近づいても到着していない親族には、電話やメッセージで確認をしましょう。このあとのプログラム（挙式リハーサルや親族紹介）がはじまるまでは、父母で手分けして親族のケアをします。

式前

結婚式直前の親の役割

挙式リハーサルが当日の場合は、挙式場へ移動するとクロークの荷物の出し入れや親族との交流はできなくなるので、手荷物のチェックや遅れて到着する親族のフォローを、親族内で頼んでおくなどの根回しを。

心づけを渡す人やあいさつをする人のリストなどは、母親のバッグは小さいうえに出し入れが多く落としやすいので、父親のポケットもふくらまない程度に有効活用しましょう。ここから先は、父母セットで行動してください。

忘れものに気がついたり、追加の注文が発生する場合には、躊躇《ちゅうちょ》せず式場スタッフに伝達を。

挙式前にすること・しておきたいこと

親族の対応などがはじまると、次から次にすることが起こります。トイレやクロークの場所を聞かれたり、久しぶりに会う親族の近況などのおしゃべりがはじまったり、あっという間に時間がたってしまうものです。父母でそろって並んでいなくてもいいので、親族のケアに努めましょう。以後は親族以外のゲストを中心としたあいさつやもてなしが必要になるので、親族には「今日はよろしく」「協力してね」というスタンスで丁寧にあいさつをしておきましょう。

リアルな親の
Question

親族が当日になって着付けとヘアメイクを頼んできたらどうする？

A. **式場スタッフに相談可能な限りの対応を**

結婚式に想定外はつきもの。「自分でできると思っていたけど無理だった」「頼んでいたつもりだった」などさまざまな理由で当日に頼まれることもあります。ケースバイケースなので難しい場合もありますが、式場は基本的に可能な限り対応するので、まずは式場スタッフに相談してください。

あいさつの例（親族、スタッフ）

◆ 媒酌人へ ◆

**本日は大役をお引き受けくださり、
ありがとうございます**

当日に細かい要望を伝えるのはNG。感謝と「よろしくお願いします」という気持ちを率直に伝え、あとは任せるつもりで臨みましょう。

◆ 相手の両親へ ◆

**いよいよですね
本日はよろしくお願いします！**

事前の交流や関係にもよりますが、短くシンプルな言葉でOKです。どちらが先に声をかけるということは気にせず、さわやかで控えめなあいさつを。

◆ 親族へ ◆

**今日はお忙しいなか、お越しくださり
ありがとうございます
行き届かないところがあるかと
思いますが、何卒よろしくお願いします**

親族は相手や来賓からすれば「身内」なので気をつかいすぎず、協力してもらうスタンスで臨みましょう。あいさつの際には丁寧に、足りないと感じる場合には後日しっかりフォローを。

◆ 式場スタッフへ ◆

**本日はお世話になります
この日を夢見てきました
どうぞよろしくお願いします！**

短くシンプルな言葉でじゅうぶんですが、楽しみにしている気持ちは表現したほうがよいでしょう。スタッフも緊張感をもってとり組んでくれるはずです。

◆ 相手の親族へ ◆

**はじめまして
○○○○（フルネーム）の父（母）でございます
本日はどうぞよろしくお願いいたします**

親族紹介の前までは、誰が誰かわからない場合が多いですが、すれ違う人はみな関係者だと思って控えめな態度で。トイレやエレベーターなどで相手の親族とわかった場合には、出てからあいさつを。あとで気まずい思いをしないよう、あいさつしておくほうが得策です。

結婚式直前の準備

見られていると意識して親の役目を果たそう

ゲストの来館がはじまると、よく知る人からも初対面の人からも、新郎新婦の親がどんな人で、どんな表情でこの日に臨んでいるのか注目されることになります。アナウンス中やマイクを向けられているとき以外、例えば、ロビーを通り抜けるときや化粧室などですれ違うときも見られている可能性が高いので、表裏のあるような態度は厳禁です。

演技やとりつくろう必要はありませんが、「結婚式当日の親」という役目やふるまいを心得て臨むことも、子どものための愛情表現や義務のひとつともいえるかもしれません。

顔がわからないゲストにはチャンスを有効活用して

いまどきは、子どもが招待するゲストと親が初対面となることはめずらしくありません。「心づけ」やあいさつも顔がわからないためにタイミングを逃してしまうということもよくあります。

理想は挙式開始前ですが、実際には難しいため、おすすめするチャンスは「受付」と「披露宴開始前」の2回です。受付をすませたゲストは、受付係を通じて特定しやすいので「ごあいさつしたいのですが、○○さんはもういらっしゃっていますか？」と受付係に聞いてみるとよいでしょう。そういう点でも受付係に心づけを渡して交流しておくと、多面的に協力をお願いしやすくなると考えられます。

もう1回は、披露宴がはじまる前に着席したときです。席次表を参考に、ゲストに近づきます。複数のうちひとりにだけ心づけや御車代がある場合には、ほかのゲストの視線に入らないよう配慮を。まず名乗り、出席のお礼と日頃のつき合いに対する感謝を述べましょう。

あいさつの例（ゲスト）

◆ 友人へ ◆

お久しぶりです　今日はお忙しいなか、
皆さん集まってくれて本当にありがとう
こうしてお会いできて本当にうれしいわ！

面識のある、子どもの友人たちに対しては、初対面のゲストと不公平にならない程度の緊張感を保ちつつ、歓迎の気持ちと出席のお礼を素直に表現します。

わが家の場合 MEMO

優先的にあいさつする人を子どもに確認しておきましょう。
（名前・関係・どんな人かなど。落としたとき見られて困るメモは当日持参しないように）

◆ 受付係へ ◆

○○○○の母です　いつも仲よく
してくださって、本当にありがとう
○○さんの話はよく聞いているのよ
今日は受付係で大変だと思うけど、
どうぞよろしくね

○○○○の父です
今日は受付係をお引き受けくださって、
ありがとうございます
どうぞよろしくお願いします

関係や面識の有無などに応じて、短く相手に合わせた表現で、感謝と「お世話になります」という気持ちを伝えます。

◆ 上司へ ◆

○○様、いつも○○が
お世話になっております
○○の父○○○○でございます
本日はお忙しいなか、
ご出席賜りありがとうございます

まずは名乗って、出席のお礼を伝えます。そのうえで、子どもから聞いている話や「これからもよろしくお願いします」という気持ちをさわやかに、かつ短く伝えましょう。

式前

心づけ・御車代を渡す

「気持ち」を包む伝統的な文化と表現

当日お世話になる人への「気持ち」として包むのが「心づけ」です。働きに対しての対価ではなく「今日はよろしくお願いします」と先に渡すもので、チップやおこづかいではありません。

また「御車代」は、来てくれたことに対するお礼の「気持ち」です。一般的に、遠方からの出席者に対する交通費と考えられていますが、遠方に限らず主賓やスピーチをしてくれたゲストなどにも贈られます。実費ではなくお礼の気持ちを表すものなので、わざわざ時間をとって来てくれたことの感謝とねぎらいをこめて実費以上を包むこともあれば、実際の交通費の一部となる場合もあります。

地域や家ごとの慣習があり「当たり前」と感じるものが家によって大きく異なるので、両家でそろえなくてもよい部分ですが、一般的な相場と著しく異なると違和感があるため、多少の調べと根回しが必要です。

結婚式にまつわるお金は「割れない数」が基本で「喜数」と呼ぶ奇数（3、5、7）を目安にします。経済的にじゅうぶんな用意が無理な場合には、フォローや言葉で配慮を示しましょう。

リアルな親のQuestion

心づけは両家で用意するのでしょうか？例えばスタッフには両家からそれぞれ、計ふたつ渡す？

A. 両家で連携するのがいまどきでスマート

両家から各々に渡しても問題ありませんが、事前に話し合って両家連名にするほうがいまどきでスマートでしょう。お世話になる人や、かかわるスタッフなどをリストアップして両家で分担、協力し合うのが理想。負担が多く不公平に感じたり、逆に後ろめたさを感じないよう、事前の準備を。

心づけの金額

渡す相手	金額	タイミング	渡す人	表書き
宴会場責任者 ウエディングプランナー	5,000円～１万円	当日最初にあいさつするとき	本人あるいは親	両家連名
ヘアメイク・着付け	3,000円～１万円	ヘアメイクがはじまる前	本人あるいは親	両家連名
介添人	3,000円～１万円	当日最初にあいさつするとき	本人あるいは親	両家連名
フォトグラファー ビデオグラファー	3,000円～１万円	当日最初にあいさつするとき	本人あるいは親	両家連名
司会者	3,000円～1万円（プロ） ３～５万円（友人）	披露宴がはじまる前	親	両家連名
運転手（ハイヤー・マイクロバス）	3,000円	発車前または降りるとき	親	媒酌人の車は連名､それ以外は乗るほうの家
受付係	3,000円	受付がはじまる前（または当日中）	親	両家連名

新札を金額に合わせた袋に入れて渡します。ヘアメイクや撮影スタッフは複数名がかかわりますがメインの担当者に渡すか、個包装された菓子折りを前日に持参してもよいでしょう。渡しても渡さなくても提供されるサービスに違いはありません。

心づけの祝儀袋と表書き

●御車代

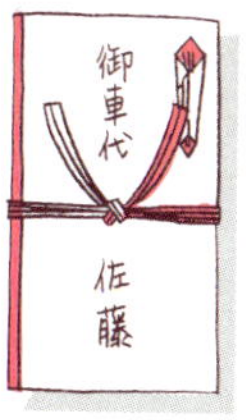

縦型の祝儀袋は１万円以上、３、５万円が一般的。立派な袋だと中身を期待してしまうので気をつけましょう。

●友人へのお礼

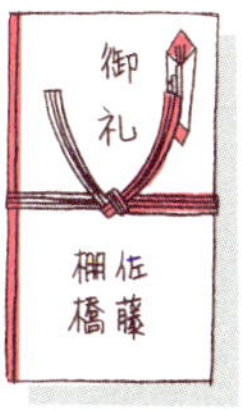

スピーチや準備を手伝ってくれた友人への特別なお礼は祝儀袋に。表書きは「御車代」でもOK。

●心づけ

１万円未満の小額の場合は新札を三つ折りにして「ポチ袋」に。表書きは「御礼」「寿」ほか、イラスト系でも婚礼用のものなら○。

親族紹介

両家の代表が紹介事前の準備が必要

両家の親族が縁を結ぶ場として、互いを紹介し合う「親族紹介」を、挙式の前後に控え室などで行ないます。式場の決まった方法がある場合にはそれに従いますが、新郎新婦からではなく「代表」から紹介するのが一般的で、両家の父親が代表となる場合が多いようです。新郎新婦が同席しない場合もあるので、あらかじめ確認しておくと安心です。

たいていの場合、代表者から血縁の近い順に紹介していくので、その順に並んで入室するとスムーズ。事前の準備は相手の親族に対して誠実さとして映るので、きちんと行ないましょう。準備なしの紹介が、たどたどしくてなごやかさを生む場合もありますが「相手側はしっかりしていたのに…」と後ろめたさを感じることにならないように。

家族単位でシンプルなプチ情報を

正確でスムーズな紹介をするために、メモしたものを読んでも問題ありません。その場合「緊張しているので」などとはじめに断りを入れるとむしろ印象がよいでしょう。

夫婦や家族の単位で順番や名前、新郎新婦から見た続柄などを紹介します。長くなるのはNGですが、"遠方(○○県)から来たとか、いとこが同じ年齢だとか、覚えやすいシンプルなプチ情報があれば、あとで会話の糸口になるのでメモに加えておくのも一案です。

新郎側（家族、父方の親族、母方の親族）、新婦側（家族、父方の親族、母方の親族）の順で紹介し、そのあとは「これから親族としてよろしく」と丁寧なあいさつを交わします。両家の親族の人数の差が大きい場合も基本的に段取りは同じで、多いほうが略したりする必要はありません。

親族紹介のときの並び方

両家控え室

新郎側からはじめる

新郎側

近 → 遠

新郎側	
父	①
母	②
きょうだい	③
父方の祖父母	④
父方の親族	⑤
母方の祖父母	⑥
母方の親族	⑦

最初に新郎の父が紹介する

新婦側

近親者から順にあいさつ

近 → 遠

	新婦側
①	父
②	母
③	きょうだい
④	父方の祖父母
⑤	父方の親族
⑥	母方の祖父母
⑦	母方の親族

父方の親族から紹介

身内なので、敬称はつけずに紹介します。紹介された人は一歩前に出るかその場で「よろしくお願いします」と一礼します。緊張感のある場なので、もしいい間違えたりしても笑ったり責めたりしないように。

紹介の文例

新郎父

本日はお忙しいなか、ふたりのためにお集まりいただきまして、誠にありがとうございます。○○（新郎）の父、○○○○（フルネーム）でございます。○○家の親族を紹介させていただきます。

となりにおりますのが、○○（新郎）の母親で○○と、○○（新郎）の2歳下の弟○○でございます。続いて、私の兄で○○（新郎）の伯父伯母にあたります○○（伯父）と○○（伯母）でございます。以上でございます。幾久しくよろしくお願い申し上げます。

新婦父

私ども○○家の親族を紹介させていただきます。○○（新婦）の父、○○○○（フルネーム）でございます。妻の○○です。○○（新婦）の姉で3年前に結婚いたしました○○○○（新婦姉）、○○（新婦義兄）と、今年生まれました○○（新婦姉の子）です。孫にとりましては本格的な外出がはじめてなので、泣いたりしてご迷惑をおかけするかもしれませんが、何卒よろしくお願いいたします。

続いて、となりは…（以下同）以上でございます。幾久しくよろしくお願い申し上げます。

式次第

神前式結婚式

厳粛な雰囲気で行なう日本の伝統的な挙式

日本人にとって縁の深い「神道」のしきたりにのっとって行なわれる厳粛な雰囲気の結婚式。本人たちを含む親族すべてが「家と家」として結びつくことを神様に奉告し加護を願う儀式です。

神前式ではとくに参列する全員が「当事者」として臨むもので、見ているだけというわけにはいきません。挙式中の礼のタイミングや角度など作法にも緊張感があり、玉串奉奠《たまぐしほうてん》や親族固めの盃《さかずき》を扱う所作などを、事前の説明やリハーサルで練習しておくと安心です。

●挙式料

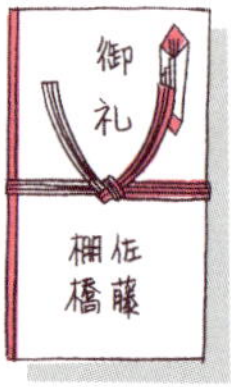

挙式料として「初穂料」「玉串料」または「御礼」という表書きで包みます。両家の連名でご祝儀袋に入れるのが一般的ですが、決まりはないので、わからない場合は神社に率直に聞いてみましょう。

●席次例

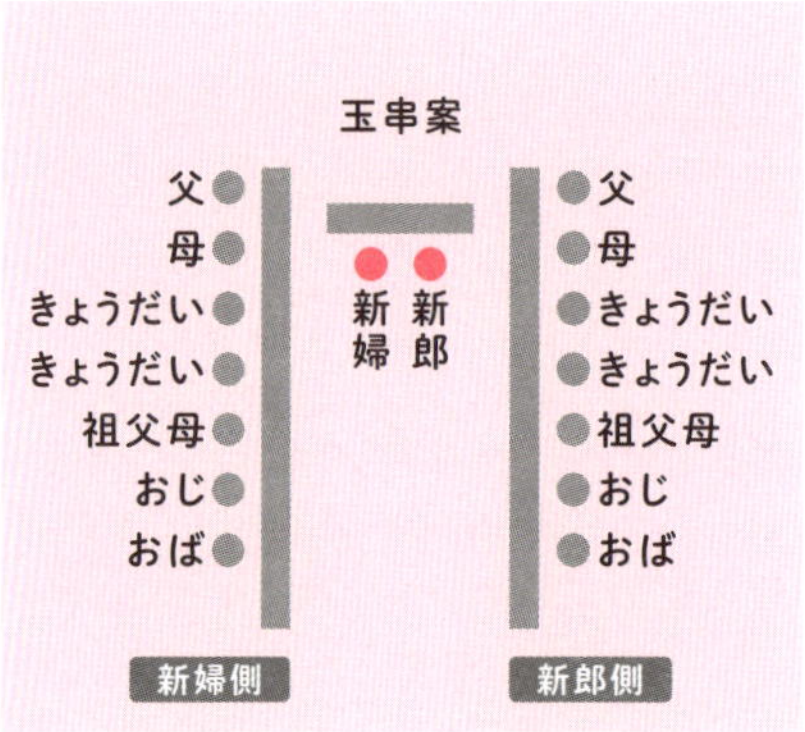

●玉串奉奠の作法

玉串に心をのせ神にささげる儀式。右手で上から枝元を持ち、左手は葉の下を支える。

時計回りに 90 度動かし、右の手のひらを返して持ちかえる。

右手を葉のほうに持ちかえる。新郎新婦や両家の親でタイミングを合わせる。

手の向きのとおりに時計回りに動かし、枝元を神前に向けて玉串案にそっと置く。

神前式の式次第（例）

1 参進《さんしん》

厳粛な雰囲気のなか、新郎新婦が神殿内に入場する儀式。

2 修祓《しゅばつ》

式に先立ち、心身を清らかにする儀式。

3 斎主一礼《さいしゅいちれい》

挙式をはじめるうえでの神様へのごあいさつ。

4 献饌《けんせん》

神様にお米やお酒などをお供えする儀式。

5 祝詞奏上《のりとそうじょう》

新郎新婦がこれから夫婦になることを奉告し、神様に感謝するとともにその末永い幸せを祈願する。

6 三献《さんこん》の儀《ぎ》

御神酒《おみき》を大・中・小３つの盃で互いにくみかわすことにより、夫婦としての契りを結ぶ。

7 誓詞奏上《せいしそうじょう》

新郎新婦自ら結婚に対する誓いの言葉を神様に申し上げる儀式。

8 指輪交換《ゆびわこうかん》の儀《ぎ》

新郎新婦お互いの誓いをこめて指輪を交換する。

9 玉串奉奠

新郎新婦が心中にて祈念した気持ちを玉串にこめて神前へお供えし、神様に拝礼する。続いて、親族代表（または媒酌人）がふたりの末永い幸せを祈って神前に玉串をお供えし、参列者そろって神様に拝礼する。

10 親族固めの盃

新郎新婦両家の参列者が御神酒をくみかわし、ひとつの親族としての絆を結びつける。また知人友人との縁をつくる盃ともなる。

11 撤饌《てっせん》

神様へのお供えものをお下げする儀式。

12 斎主一拝《さいしゅいっぱい》

挙式をおさめるうえでの神様へのごあいさつ。

※「神社挙式研究会」（ホームページより）一例。各神社により各儀式の呼称、順番、有無等は異なります。

Point!

神社での結婚式の場合

式場内の「神殿」のほか「神社」で行なわれる神前式も人気です。神社には待合室など結婚式のための専用の設備だけでなく、冷暖房がない場合も。「式場」ではないことを受けとめ「させていただく」という心もちで、服装や持ちものの準備をしましょう。

式次第

キリスト教式結婚式

ウエディングの代名詞 ロマンチックな挙式

バージンロードやフラワーシャワーなど、ウエディングのイメージの代名詞ともなる荘厳でロマンチックなセレモニーで構成されるキリスト教式。

父親と歩くバージンロードや母親のベールダウンは人気の演出で、とくに花嫁の親にとっては、注目される場面が多く緊張を伴います。ブライダルフェアの模擬挙式や、イベント以外でも予約をしておけば、所作のレクチャーを受けられるので、事前に練習しておくと安心です。

●挙式料

御礼

佐藤
棚橋

挙式料が定められていない教会では「御礼」や「献金」という表書きで包みます。両家の連名でご祝儀袋に入れるのが一般的ですが、決まりはないので、わからない場合には教会で率直に聞いてみましょう。

●席次例

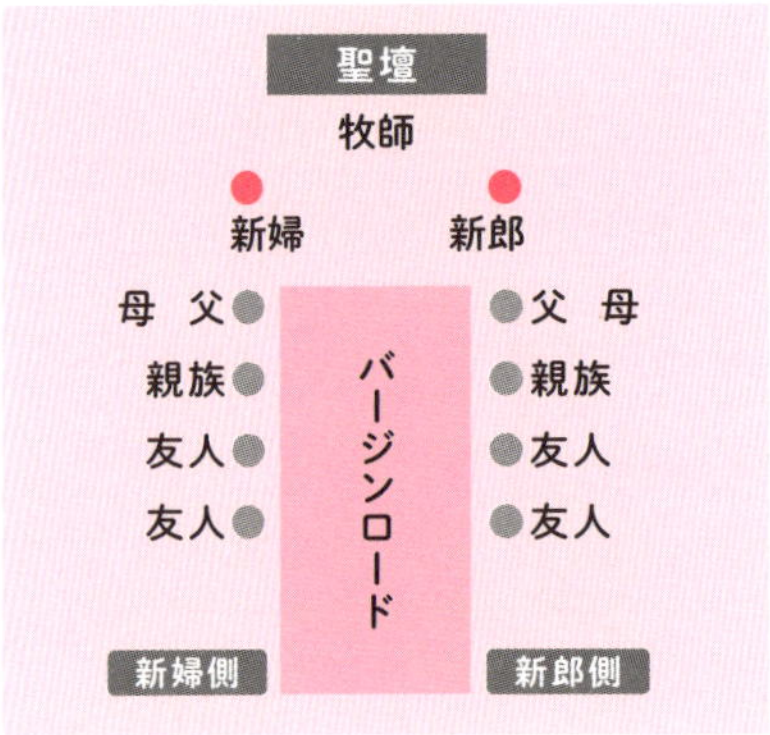

◆ キリスト教式マナーの注意 ◆

キリスト教の結婚式とひと口にいっても、教派や教会によって、儀式のもつ意味や式次第などが異なります。

式場の施設内にあるチャペルでは、初心者向けにわかりやすい説明がありますが、街の教会や歴史ある聖堂などでは、教義や作法を学ぶつもりで臨みましょう。

キリスト教式の式次第（例）

1 **奏楽**
参列者が入場、着席する。

2 **新郎入場**
牧師の先導で新郎が入場。

3 **新婦入場**
父親と腕を組んで新婦が入場。聖壇の前で新婦を新郎に引き渡す。

4 **讃美歌**
全員で讃美歌を歌う。

5 **聖書**
聖書の一節を牧師が朗読する。

6 **祈禱《きとう》**
祈りを捧げる。

7 **式辞**
牧師による祝福の言葉。

8 **誓約**
牧師の問いかけに対して新郎新婦が「はい、誓います」と誓う。

9 **指輪交換・署名**
誓約のしるしとして、左手の薬指に指輪を贈り合う。そのあと、新郎新婦と牧師が結婚証明書に署名する。

10 **祈禱**
新郎新婦の誓約に対して祝福し祈りを捧げる。

11 **結婚宣言**
牧師による結婚成立の宣言。

12 **讃美歌**
全員で讃美歌を歌う。

13 **祝禱**
新郎新婦と参列者の幸せを祈る。

14 **新郎新婦退場**
新郎新婦が腕を組みバージンロードを退場する。

15 **奏楽**
参列者が退場する。

Point!

心をこめた所作と言葉を

花嫁の両親は希望すれば、バージンロードを歩いたり、ベールダウンをしたりと大役が待っています。所作はリハーサルやブライダルフェアで教わることができますが、本番だけ小さく「いってらっしゃい」など娘にひと言かけると感動的です。

式次第

人前式結婚式

誰に何を誓うのか ふたりが決める結婚式

自由な形式で、信仰などの背景がない人前式は、神前式と並ぶ定番の挙式スタイル。チャペルや神殿などの挙式場がないレストランやアウトドアでも正式なセレモニーが実現できるので、アイディア豊かなふたりのオリジナルや、昔ながらの「祝言」など、広い選択肢があります。

「誰に」「何を」誓うのか、ふたりが考え、自由に決めることができるので、進行役（司式者）から参列者にわかりやすく伝えるよう、工夫と準備が必要です。

◆ 誓いの言葉の例 ◆

私たちは 本日お集まりいただきました皆様の前で
結婚の誓いを立てます

新郎

私○○は これから家族を守るよき夫となるため 3つの宣言をします
ひとつ　健康で長生きをして 少しでも長く ○○さんに愛情を注ぎ続けられるよう 努力します
ひとつ　いつも笑顔でいられるよう　ほどほどにお酒を楽しみます
ひとつ　年に一度の家族旅行が続けられるよう　がんばって働きます

新婦

私○○は これから家族を支えるよき妻となるため3つの宣言をします
ひとつ　家族の健康維持のため　お料理の腕をみがきます
ひとつ　いつも笑顔でいられるよう 友だちや趣味の時間も大事にします
ひとつ　年齢を重ねても ○○さんの自慢の奥さんでいられるよう スタイル維持に努めます

今日の喜びと感謝を忘れることなく ふたりで力を
合わせて 明るく健やかな家庭を築いていきます

人前式の式次第（例）

1 **参列者入場**
参列者が入場、着席する。

2 **新郎新婦入場**
新郎新婦ふたりで、または、家族のエスコートを伴うなど自由。

3 **開式の言葉**
司式者が人前式の意味合いと開式を伝える。

4 **誓いの言葉**
新郎新婦が参列者、またはお互いに、誓いの言葉を読み上げる。

5 **指輪の交換**
新郎から新婦へ、新婦から新郎へ、指輪を贈り合う。

6 **ベールアップ**
新郎が新婦のベールを上げる。

7 **誓いのキス**
誓いの言葉に基づいて、気持ちをこめてキスをする。

8 **指輪の披露**
交換した指輪を参列者に披露。

9 **結婚証明書の署名**
新郎新婦と親（または立会人代表）が証明書にサインする。入場前に参列者が全員サインしたものを仕上げるかたちが多い。

10 **承認**
参列者に対してふたりの結婚への賛同を求め、拍手などで承認（祝福）を得る。

11 **結婚宣言**
立会人代表（または司式者）から、ふたりの結婚が参列者に承認されたことを宣言する。

12 **新郎新婦退場**
新郎新婦の退場。フラワーシャワーやバルーンリリースなど多彩な演出も効果的な場面。

13 **参列者退場**
参列者が退場する。ブーケトスや集合写真撮影などへ続く。

仏前式という結婚式

仏教の教えに基づいてお寺や自宅などで行なわれる挙式。信仰や家庭の背景によって選ばれていますが、統計によれば全体の数は少なく数パーセント程度。

宗派などにより式次第や作法が異なるので親も事前にお寺を訪れ、僧侶と面談し、所作のレクチャーを受けるのが一般的です。

写真撮影

撮り方も残し方も親の気配りが不可欠

結婚式の多様性に応じて、写真撮影のあり方や撮り方も変わりつつありますが、「記念写真」と呼ばれる型の写真は、親としてもっとも気を配るべきポイントのひとつです。

撮影は通称「スナップ写真」という、新郎新婦について回るフォトグラファーがドキュメンタリー的に撮影するものと、昔ながらの固定のカメラやスタジオで撮影する「大判写真」とか「記念写真」と呼ばれるものがあります。

撮影のための設備がないとか、予算の都合などで、スナップだけにする場合も少なくありませんが、親族に焼き増しをして配るのも親族の慣習であり文化のひとつなので、子どもたちにその旨を伝えておきましょう。

当日の急な発注がトラブルのもとになることもめずらしくないので、子どもたちと両家の両親で前もって互いの意思や希望を確認しておくことが必要です。

写真は残るものなので、身だしなみや表情、並び方の順番なども軽視してはいけません。夫婦でえり元や髪の乱れがないかをチェックし合って、常に落ち着いた状況でカメラに向けるようにしましょう。

あると便利な写真のオーダーリスト

型のある記念写真だけでなく、撮ってほしい家族やグループをリストにして、フォトグラファーに伝えるのもおすすめです。

その数や当日のスケジュールによって、すべては叶わないかもしれませんが、「母親の姉妹だけで」とか「いつかの遺影」とソロ写真をリクエストすることもあります。簡単なリストにして渡しておくとタイミングをみて対応してもらえるはず。あとで見たり飾ったりするのが楽しみな写真が残せるよう、想像して準備しましょう。

親族記念写真の並び順

上記は媒酌人がいる場合。いない場合は、新郎新婦のとなりは親になり、最前列にきょうだい、祖父母などが並びます。

別撮りについて

◆ 別撮りを希望するときは ◆

おもに「前撮り」と呼ばれる、結婚式当日以外の日の撮影を総称して別撮りといいます。基本は新郎新婦ふたりだけですが、親が見学したり、一緒に写るために参加することもあります。
撮影する会社やプランによっては人数の追加で金額が変わったり、スマートフォンなどで横から撮ることが許されなかったりするので、参加を希望する場合には事前に確認を。新郎新婦に子どもがいる場合、サポートのために同行する場合もあります。

別撮りのスタジオ、ロケーション撮影をした …… 63.7%

別撮りのスタジオ撮影の費用 平均 15.4 万円

別撮りをした理由

当日と違う衣裳が着られる …… 65.8%

和装で撮りたかった …… 60.5%

ゼクシィ　結婚トレンド調査 2017　調べ

披露宴での親の心得

心をこめて誠実で丁寧な対応を

披露宴では、次々とスケジュールが進み、披露宴がはじまる前には、おもてなしをする余裕もないものですが、ゲストより先に席についたり、「お客様」のようにふるまったりするのはNG。広く目を配り、どこから話しかけられても応じられるようなかまえであることを心がけてください。特定の人と長く話すことがないよう、ゲストにはできるだけ公平に接しましょう。

謙虚で控えめな姿勢が理想的ですが、加えて「うれしそう」「緊張している」というような、親のリアルな心情も、集まったゲストにとってはほほえましく映るもの。完璧であることを求めるのではなく、心のこもった丁寧な言動で、いつも誰かに見られていることを忘れずに。一部の親族や式場スタッフに対して口調を変えたりするのも、ゲストに見られている可能性があるので裏表なくふるまうことも大事です。

あいさつとお辞儀は普段より3割増で

当日ははじめて会う人もいるはずですし、親にとっては大勢のゲストを同時に対応するわけですが、ゲストにとっては新郎新婦の親は注目する存在で、強く印象に残ります。緊張や忙しさが無愛想に映ったり、偶然が不公平を感じさせてしまったりすることもあるので、あいさつやお辞儀は、普段よりも2～3割増で「ゆっくり・大きく・丁寧に」するよう心がけることをおすすめします。

例えば、誰かがお祝いをいってくれているときには、体ごと相手のほうへ向けて目を見て、うなずいたりほほえんだりしながら聞く、席を立ち上がってお辞儀をするなど、簡単なことをひとつずつ丁寧にするだけでも、心がこもっている誠実な反応と受けとってもらえるでしょう。

知っておきたい！ 披露宴の心得

Point!

これはやらないで！ NG行動

●思いつき行動

どうしてもということは、後悔のないよう担当のウエディングプランナーなどに相談してみてもOKですが、予定外のことは緻密に計画された新郎新婦のプランや予算に影響する可能性があります。突然、「あれしたい！」「これはない？」はあまりおすすめできません。

●マイペース行動

大勢の人がかかわる披露宴では、一人ひとりのペースに合わせることが難しい場面があります。あいさつ回りをはじめるタイミングなどは、両家や式場スタッフと声をかけ合って、どちらかが知らない間にすませてしまうことがないようにしましょう。

●口は災いのもと

控え室やトイレ、親族席などでの身内のおしゃべりは、誰がどこで聞いているかわかりません。家のなかでするような話や率直な感想も当日は控えて。子どもがつけた上司のあだ名なども、うっかり出ないように注意して。

1 「ゲストよりあとに」が基本

ゲストに気持ちよくすごしてもらうため、親は「ゲストよりもあと」が基本。宴会場に入って席につくのも、乾杯酒に口をつけるのも、食べはじめるのも、ゲストにすべて行き渡っていることを確認してからにしましょう。

2 わからないことは式場スタッフに聞く

どれだけ事前に準備をしていても、当日にわからないことや迷うことが生じるものです。マナーやトイレに行くタイミングなどどんなことでも、担当のウエディングプランナーや式場スタッフにこっそりたずねてみると、なんらかの指南を得られるはずです。

3 感情表現はしてもよい！

いまどきの結婚式は多くの新郎新婦が「親に喜んでほしい」と希望しています。うれしそうにしたり涙をこぼしたりすることも、むしろゲストには喜びを共有する素敵な時間になるものなので、感情は抑えすぎず、素直に表現して問題ありません。

披露宴前の親のあいさつ

主賓や上司には開宴前にあいさつを

場面や相手によらず「よろしくお願いします」と「ありがとうございます」が基本。事前に子どもたちから聞いた情報をもとに「遠くから来てくれてありがとう」とか「○○でお世話になったそうで」と具体的なことがいえたら理想的ですが、人違いや記憶違いで相手をとまどわせてしまうよりは、定型文だけのほうが安全です。

実際、席につくまで名前と顔が一致しない場合も多いので、披露宴会場でゲストが着席する頃に席次表をチェックして、主賓や上司のところまで出向いて声をかけるとよいでしょう。開宴前の、まだドアが開いていて全体がザワザワしているようなタイミングが最適ですが、もし声をかけそびれたら、乾杯まで待ちます。両親そろっていれば理想ですが、開宴前にあいさつできるなら、父母のどちらかだけでも早いほうがベター。内容はともかく「ひと言だけでも早くあいさつしたかった」という気持ちが伝わる姿勢が大事です。

クロークやトイレなどで名前のわからないゲストととなり合うこともあるので、知らない人だとしても、にこやかに会釈をしておきましょう。

リアルな親のQuestion

とても口ベタで人見知りです。初対面の人にあいさつするのが苦痛です…。

A. 定型どおりで◎がんばって！

あいさつしないということはできないので、がんばるしかありませんが、決まった順に、準備しておいたとおりのあいさつをすればいいので、心配するほど難しくないはずです。社交的なほうが時間をかけすぎてしまったりなど、心配材料が多いくらいです。しっかり事前に準備をして自信をもって臨みましょう。

ゲストへのあいさつ例

●主賓、子どもの上司などへ

○○部長（子どもが呼んでいる呼び方、わからない場合には○○さん、○○様など）いつもお世話になっております。××の父（母）でございます。本日はお忙しいところをお運びいただきまして、ありがとうございます。一日どうぞよろしくお願いいたします。

●子どもの友人、同僚などへ

××がいつもお世話になっております。××の父親でございます。今日は皆さんお忙しいところをおつき合いくださって、本当にありがとうございます。行き届かないところもあるかもしれませんが、どうぞよろしくお願いします。

●親の知人へ

○○さん、今日はご都合つけてくださってありがとう。○○さんには小さいうちからお世話になったから、見届けていただけて本当にうれしいわ。これからもどうぞよろしくお願いしますね。

●親の面識のないゲストへ

○○さんですね？　いつも××が大変お世話になっております。××の父（母）でございます。これまでごあいさつする機会もなく失礼をしておりました。今日はどうぞよろしくお願いいたします。

リアルな親の Question

相手のゲストにもあいさつをしたほうがよい？顔も名前もわからなくて…。

A. **開宴前はシンプルに歓迎と感謝を表現**

ロビーや移動中などに一緒になったゲストに対しては、どちら側だと区別することなく、にこやかな会釈や定型文程度のあいさつはしておいたほうがよいでしょう。しかし、わざわざ席まで出向くようなあいさつは開宴前には必要ありません。

どちらの、どこからの招待かなど、分けへだてなく歓迎と感謝を表現しつつ、主賓や上司など直接関係のあるゲストからあいさつを。顔や名前がわからなくても、愛想よくふるまっておきましょう。

披露宴の進行

2時間半が基本 笑顔と集中力がカギ

披露宴は2時間半が基本で、人数や演出によって縮めたり延長したりする場合もあります。間延びしたりしないか心配という相談をよく受けますが、実際には時間が足りないと感じることはあっても、時間が余ることはほとんどないので心配は不要です。

親は「お客様」ではないので、どっしりと座って食事や会話に夢中になっているわけにはいきません。広く目を配りながら、披露宴全体の進行に集中し、笑顔でふるまうことが求められます。

1 迎賓《げいひん》

いまどきは、ほとんど「迎賓」と呼ばれるような列に並んだお迎えはしませんが、かつては披露宴会場前で両家両親と新郎新婦でゲストを出迎えるのが定番でした。代わりに現在はウエルカムスペースを設けたり、ペーパーアイテムが充実したりしています。

このとき親は？

迎賓の列がなくても、宴会場の入口あたりに控えめに立って、にこやかに会釈しながらゲストを迎えるのはよいこと。「ようこそ」「よろしく」の気持ちを表現しましょう。

2 新郎新婦入場

オープニングムービーや司会のアナウンスに続いて新郎新婦が入場。このとき両家両親は席についてゲストと同じように拍手で見守ります。

3 開宴の辞

司会者から短い言葉で開宴が宣言されます。両家両親は座ったまま姿勢よく、つつましい態度を心がけましょう。

4 プロフィール紹介

披露宴に先がけて、新郎新婦のプロフィールを司会者から簡単に紹介します。かつては媒酌人が行なっていましたが、いまどきは司会者がほとんど。演出や企画性を打ち出すため、きょうだいや友人代表が務める場合もあります。

このとき親は？

これから披露宴全体をとおして祝辞や祝福を受けるので、形式的な自己紹介は必要。従来型の媒酌人が紹介する場合は両家両親はその場で立ち上がって聞きますが、司会や代表者からの場合には座ったままで OK。

5 主賓祝辞

来賓代表からのお祝いの言葉。新郎新婦と両家両親はその場で立って聞きます。もし主賓から「お掛けください」といわれたら、小さくお辞儀をしてから座りましょう。

このとき親は？

主賓がマイクの前につくときには親も立っているように。式場スタッフがイスを引いてくれることが多いのですが、指示がなくても立つのが正解です。集中して見ていましょう。

6 ケーキ入刀

披露宴に欠かせない写真ポイントであり、本人たちの個性やウエディングらしさを表現する大事な場面。近づいてカメラを向けてもかまいませんが、ゲストより前に出ないように。

7 乾杯

祝辞に続く号令で乾杯するのが一般的。祝辞では主賓と同様にその場で立ち上がってお話を聞きます。「乾杯！」の声に対しては「ありがとうございます」という姿勢を。

このとき親は？

乾杯ではグラスは目の高さよりも上げずに、グラスは合わせず目を合わせて軽い会釈をし、ゲストよりもあとに口をつけます。拍手のあとゲストが席についた頃（開宴前にあいさつできなかった場合）、主賓や上司のテーブルへあいさつに行くチャンスです。

8 中座

お色直しのために新郎新婦が席をはずすこと。衣裳は同じままで髪型や小物を変えることも。新郎新婦がひとりずつ家族や友人をエスコート役に迎えて退場するのがいまどきの定番です。

9 歓談

新郎新婦が中座している間の30分前後は食事中心のフリータイム。式場の指定するタイミングやルールがなければ、それぞれ子どもが招待した側の上座からあいさつに回ります。映像の上映を組みこむ場合も多く、あっという間に感じられるので時間配分に注意。

このとき親は？

お酌をしないであいさつだけでもOK。友人など序列がないテーブルは、まとめて声をかけても問題ありません。両家の親同士で声をかけ合ったり、式場スタッフを通じて合図をしたりして、同じ頃にはじめられるのが理想です。

10 お色直し後の再入場

お色直しや休憩をすませてきた新郎新婦が再び入場します。そのまま「テーブルラウンド」と呼ばれるゲストのテーブルへのあいさつ回りへ続くのが定番です。

11 祝辞・余興

祝辞や余興は少なくなっているといわれますが、それでも2～3組のスピーチやビデオメッセージなど合計20分くらいのお祝いコーナーがあるのが一般的。その間はトイレや喫煙で席をはずすことがないよう注意。緊急の場合には式場スタッフに相談を。

このとき親は？

「座ったまま」「食べながら」で基本的には問題ありませんが、子どもたちのために用意してくれたものやお祝いなので、笑ったり感謝を表現したり、しっかりリアクションを。

12 花嫁の手紙・花束贈呈

花嫁から両親に宛てた手紙が読まれ、花束（または記念品）が贈呈される、披露宴のクライマックス。直前で式場スタッフから声をかけられ、手紙が読まれる前に下座に両家両親が立って並びます。

13 両家代表の謝辞

贈呈のあと向かい合っていた子どもたちと親がゲストのほうを向いて一列に並んで締めのあいさつをします。いまどきは「新郎」の前に「新郎父」がするのが一般的ですが、新婦父がしたり、新郎のあとに新郎父が締めることもあります。

14 新郎の謝辞

ゲストに対して、集まってくれたお礼と今後も変わらぬつき合いをお願いする新郎からのあいさつ。すがすがしい誓いや感極まった感謝の思いなど個性の出る、披露宴最大の素敵なポイントでもあります。

15 閉宴の辞

司会者から短い言葉で「お開き」が宣言されます。両家両親は並んだまま姿勢よく、つつましい態度を心がけましょう。

16 新郎新婦、両親退場

音楽がかかり、おごそかに、あるいはにぎやかに、新郎新婦が退場します。一礼してドアが閉まってから、両家両親も退場するか、一旦席に戻ったのち退場か、式場スタッフから案内されます。

17 ゲストのお見送り

新郎新婦がゲストをお見送りする準備が整うとアナウンスが入り、ゲストが披露宴会場から退出します。新郎新婦と両家両親は列に並んで、ゲストにプチギフトを手渡したり、感謝の言葉を伝えたりして誠実な姿勢でお見送りをします。

このとき親は？

もしスペースの都合や新郎新婦の希望で、形式的なお見送りの列に親が並ばなかったとしても、ゲストより先に帰ったりせずに、主賓や祝辞、受付係などを担当してくれた人に丁寧にお礼を伝えましょう。

披露宴中のふるまい

おもてなし役を積極的に楽しんで

時間いっぱいに組まれたプログラムに集中しながら、ゲストにも気を配り、食事もとり、と忙しくしていると、親として感動に浸る余裕がないかもしれませんが、いまどきの新郎新婦はみんなそろって「結婚式は親に楽しんでほしい」といいます。その願いを叶えるためにも、写真を撮ったり映ったり、ゲストと交流したりすることもあまり遠慮しないで、「おもてなし」役を積極的に楽しむことをおすすめします。

タイミングやマナーについて、わからないことがあれば、相手の親や式場スタッフに相談して、早めに解決するようにしてください。様子を探っているうちに時間がすぎてしまうのはもったいないからです。

ビールやワインのボトルを持ってゲストにお酌して回るのは、マストではありません。ホテルやレストランではボトルを持ち歩くことができない場合もあるので、お酒を持たずにあいさつだけに回っても問題ありませんし、ゲストに失礼ということもありません。うまく言葉が出ない場合にはにこにこと笑顔をふりまくだけでもじゅうぶんなおもてなしになります。

リアルな親のQuestion

親は披露宴の料理を食べている余裕はありますか？

A. しっかり食べて、しっかり動く！ が理想

親の役目を果たしながらも完食することは難しくありませんが、胸がいっぱいになったり、タイミングがつかめなかったりして、食べられない場合も。ゲストと同じ食事をともにすることも披露宴の目的のひとつです。話を聞く場面では手をひざに置いてしっかり集中して聞くなどのメリハリも大事。

披露宴中、親のすることポイント

◆ 親が出る余興には協力を ◆

いまどきの披露宴はサプライズがいっぱい。心の準備も追いつかないまま、ゲストや親が前に呼び出されることもめずらしくありません。サプライズしたゲストに対しては「驚かせてごめんなさい」など配慮の言葉を。親が呼び出された場合には、嫌がらずに協力してあげましょう。

わが家の場合 MEMO

◆ 初対面の人にもあいさつする ◆

招待する人は、子どもたちが厳選した人。お世話になっているとかこれからもつき合っていきたいと考えている大事な人であるはずなので、面識がなくても出席してくれたことや日頃のつき合いに対してお礼を。特別な内容でなくても、親が声をかけてくれたこと自体インパクトがあるはずです。

check!

披露宴前、親がすることの確認

- □ 優先的にあいさつする人（主賓・祝辞・上司）人数・名前・関係
- □ 披露宴中にあいさつする人（テーブル・グループ）人数・名前・関係
- □ 披露宴プログラム「歓談」の時間の目安
- □ 謝辞など直接関係するプログラム
- □ トイレや喫煙所の場所

リアルな親のQuestion

ビールなど持ってあいさつをしたいが、相手方の両親はされていないよう。どうする？

A. 探るよりも声かけが効果的

必ず両家ともしなければいけないというわけではありませんが、お互いにモヤモヤした気持ちが残らないよう「ごあいさつに回ります？」など相談するようなニュアンスで直接声をかけても。いいづらい場合は、式場スタッフに「こちらだけ回っても問題ないですか？」と相談したり、スタッフから相手方へ促してもらったりすることも。両家が納得していれば、合わせなくても問題ありません。

マナー

食事のマナー

基本的なマナーは しっかりおさえておく

披露宴の食事といっても、親は主賓やお世話になった人にあいさつに回ったり、逆にゲストからあいさつを受けたりと、慌ただしくすごすことになります。しかし、そんな場合でも、ナプキンの使い方、バッグの置き方、グラスの持ち方など、基本的なマナーは身につけておきましょう。

食事中に大きな声で笑ったり、急いで食べようとほおばるのもやめましょう。また、お酒の飲みすぎにも要注意。すすめられてもスマートに断ることも必要です。

食事マナーの基本

◆ ナプキンの使い方 ◆

●退席するとき

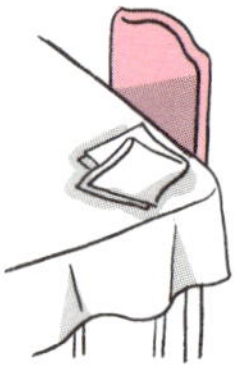

食事がすんだら軽くたたんで、テーブルの上に置きます。きれいに小さくたたんではいけません。

●中座するとき

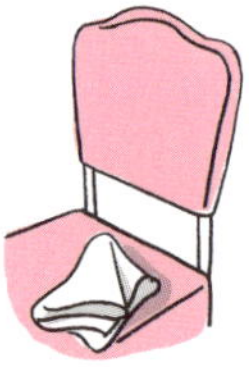

食事の途中で席を立つ場合は、ナプキンを軽くたたんで、イスの上に置きます。

●広げ方

料理が運ばれてくる前に、ナプキンを二つ折りにして、折り目（輪となる方）を自分の体側にしてひざの上に敷きます。

これはNG！

ナプキンがあるのに、自分のハンカチやティッシュで口を拭いたり、ナプキンで顔などの汗をぬぐうのはやめましょう。グラスについた口紅をナプキンで拭くのもNG。この場合は指でぬぐって、指をナプキンで拭きましょう。

口を拭くときは、二つ折りにしたナプキンの内側を使い、汚れた面が外から見えないようにします。

◆ 携帯電話は使わない ◆

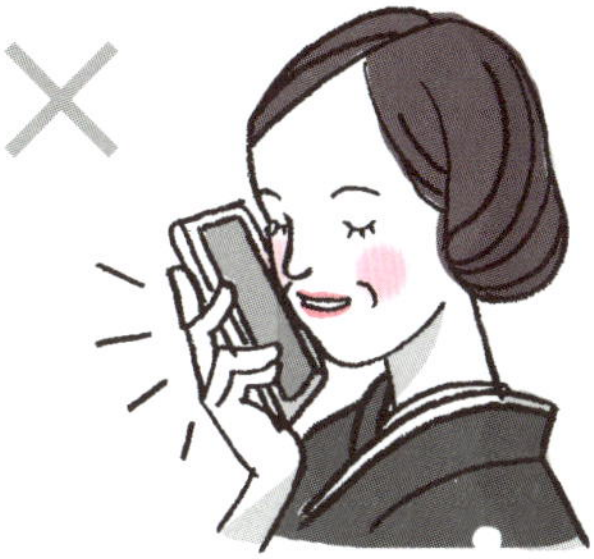

披露宴会場内での携帯電話の通話は控えましょう。緊急の用事があるときは、宴会場の外に出て話すようにしましょう。

◆ おしぼりで顔を拭かない ◆

おしぼりは食事前に手を拭くためのもの。顔や口には使いません。汗はハンカチでぬぐいましょう。食事中に口をおしぼりで拭くのもNGです。

◆ 宴会場内では禁煙 ◆

喫煙する場合は、決められた場所で。進行や演出の妨げにならないよう、すみやかに宴会場に戻りましょう。

Point!

家族内でチェックとフォローを

披露宴では立ったり座ったりする場面も多く、ナプキンやバッグがイスの下に落ちたり、食べかけの皿が人目に触れたりすることも。通常の食事のマナーよりもさらなる配慮が必要です。夫婦で互いの鏡となってフォローし合いましょう。

◆ バッグの位置 ◆

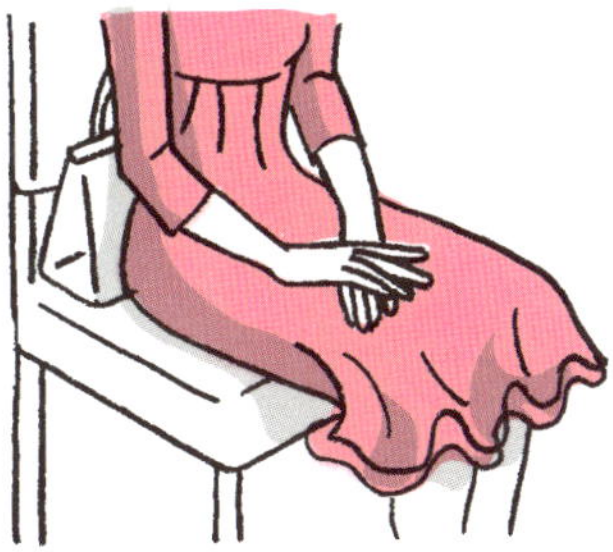

バッグはイスの背とおしりの間にはさむように置きます。テーブルの上に置いたり、イスの背にかけるのはマナー違反。

◆ グラスの持ち方 ◆

●ワイングラスなど

ステムの真ん中あたりを、親指を軸にして持ちます。

●タンブラー

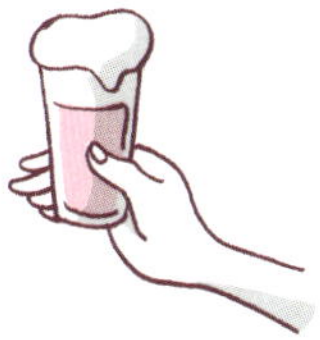

真ん中よりやや下の部分を持ちます。

●断るとき

これ以上いらないときは、グラスの口に手を軽く当てて断ります。

わが家の場合 MEMO

マナー

食事のマナー 西洋料理

お皿は持たない 音を立てないが基本

披露宴では、フランス料理のコースが主流です。難しいマナーがあるイメージですが、最低限ふたつのポイントをおさえておけば心配いりません。ひとつは「お皿を持ち上げない」こと。日本料理と異なり、西洋料理ではマナー違反です。もうひとつは「音を立てない」ことです。食べる音や、カトラリーの音を立てないように注意しましょう。急いでほおばったり、ひと口大にカットしないまま口に運んだりなど、マナーが悪く見えることはやめましょう。

カトラリーの使い方

❶オードブル用
❷スープスプーン
❸魚料理用
❹肉料理用
❺バター用
❻デザート用

❶から❻の順に使う。同じ番号のナイフとフォークはセットで使用。❺は、順序は関係なく、パンのためのバターを自分のパン皿にとるために使う。

● 食事途中

ナイフの刃は内側に向け、フォークの先は下向きにして、皿の上でハの字のかたちに置きます。

● 食事終了

ナイフの刃は内側に向け、フォークは上向きにして、そろえて斜めに置きます。

西洋料理のマナー

◆ 肉料理 ◆

肉は左側からひと口大にカットして食べます。ステーキなど、はじめに全部切ってから食べるのは本来マナー違反です。

◆ 魚料理 ◆

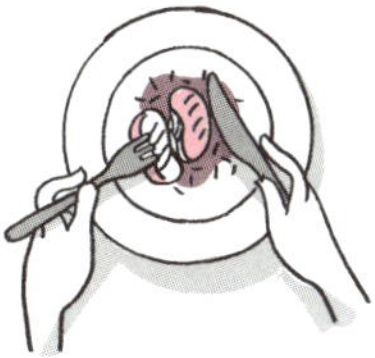

ひと口大にカットして食べます。魚は裏返さずに食べるのがマナー。エビは身を殻から外して、食べやすい大きさにカットしましょう。

◆ パン ◆

ひと口で食べられる大きさにちぎってから、バターを塗って食べます。パンくずはサービススタッフが処理するので、自分で片づける必要はありません。

◆ スープ ◆

スプーンでスープをすくい、音を立てないようにして飲みます。量が少なくなったら、お皿の手前を持ち上げるように傾けてすくいます。

Point!

親のための特別対応も

ゲストへのあいさつや緊張などで食事が進まない心配があるなら、事前にオーダーしておくと、はしで食べられるように対応してくれる式場もあります。特別対応を相談してみるのも一案です。

check!

避けたい NG マナー

□ カットしないでかじる

おもにパンや肉ですが、西洋料理はすべてひと口大にカットしてから口に運ぶもの。大きいままをかじりながら食べるのはNGです。面倒でもカットするひと手間を省かないで。

□ 声を出してスタッフを呼ぶ

フォーマルな食事の場では、大きく手を挙げたり声を出してサービススタッフを呼ぶのはマナー違反。ひじを曲げて顔の下くらいで小さく手を挙げて、控えめに呼びましょう。

□ テーブルの上に携帯電話

披露宴ではカメラや携帯電話を手放せませんが、卓上に置くのはNG。背もたれと背中の間やおしりの下に置くようにしましょう。

マナー

食事のマナー

日本料理／ブッフェ

上品なはし使いを心がけましょう

披露宴で出される日本料理は、会席料理という、お酒と一緒に味わうための料理です。コース形式で順番に提供されます。

日本料理のマナーでは、はしの使い方と器の扱い方に注意。「はしは必ずはし置きに置く」「小皿や小鉢などの持てる器は手に持って食べる」というポイントをおさえておきましょう。料理の汁がたれるのを防ぐために、手を受け皿のように添えるのは手皿といってマナー違反。小皿を持つか、懐紙を小皿の代わりに使いましょう。

やってはいけない！ はしのNG使い方

● **迷いばし**

何を食べるか迷って、料理の上ではしをうろうろさせる。

● **持ちばし**

はしを持った手で器を持つ。

● **渡しばし**

器の上にはしを置く。

● **寄せばし**

はしで器を引き寄せる。

ブッフェのマナー

◆ イスの使い方 ◆

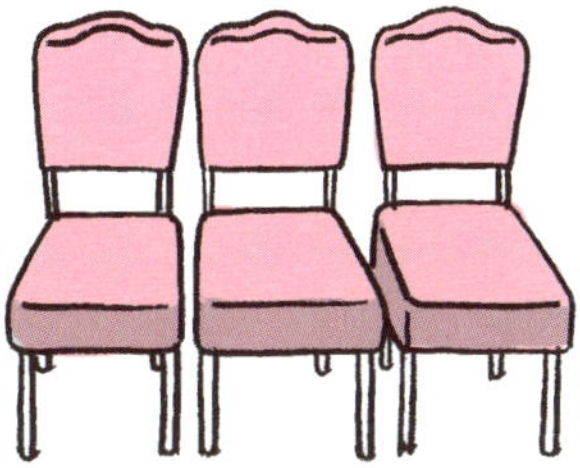

自席が決められていないブッフェでは、イスがあっても座らないのが基本。年配の親族やヒールを履いた女性に席を譲りましょう。

◆ 皿は持ち歩かない ◆

あいさつをしに回るときは、グラスや皿は持たずに手をあけて行きます。ブッフェの場合はとくに瓶を持ってお酌に回るのも NG。

◆ 料理のとり方 ◆

同じ料理を大量にとったり、皿に山盛りにのせるのはやめましょう。自分の食べるぶんだけ2～3種類の料理を少しずつとります。シェアするためにほかの人のぶんをとるのは本来マナー違反です。

◆ 皿・グラスの持ち方 ◆

皿もグラスも片手で持ち、もう一方の手はあけておきます。グラスは皿にのせて親指、人さし指でグラスをおさえ、皿は人さし指と中指ではさむようにして持ちます。フォークなども指ではさんで持ちましょう。

Point!

知っておくと安心なマナー

●はしは食べるときだけ持つ
食べることに集中しにくい披露宴では、はしを持ったまま話したり、何かに注目したりしがちですが、これは NG。はしは食べるときだけ持つようにしましょう。

●器は下を支える
日本料理では器を手にとって食べますが、上からや横から持つとエレガントに見えません。指をそろえて下を支えるイメージで扱うと自然と所作が美しくなります。

●ブッフェは交流のための場
ブッフェ形式のパーティは、基本的にたくさん食べるための場ではないと心得るのが無難です。おなかいっぱいにしようと思わず、積極的に会話と交流を。

●西洋スタイルはお酌 NG
かつてはお酌こそ親の役目というイメージでしたが、いまどきは瓶を持って回るのが NG の式場も増えています。あいさつだけでもじゅうぶんなのです。

花束贈呈、謝辞とお見送り

続いて多くの場合、花束か記念品が贈呈されます。ストレート（新郎新婦がそれぞれ自分の親へ）とクロス（新郎新婦が相手の親へ）のいずれか、本人か式場が決めたほうで手渡されます。ナレーションが入り、儀式的に進みますが、余裕があれば「ありがとう」「これからもよろしくね」「お母さんも同じ気持ちよ」など、短い言葉をかけてあげるとよいでしょう。

お見送り完了までが披露宴

贈呈までは、いわば親と子の卒業の儀式。謝辞からはスタートの儀式というような側面がありま

クライマックスは親の卒業の儀式

感動のクライマックスは、親がゲストの視線を集める最大の緊張ポイントですが、高揚感や緊張でふわふわしてしまう気持ちを落ち着けて、親の務めをしっかりと果たすつもりで臨んでください。

「花嫁の手紙」が読まれる場合、新婦側だけでなく新郎側も、両家の親が一列に並びます。泣いてしまっても泣けなくても、リアクションによらずカメラが向けられていますので、目を伏せているよりも新郎新婦のほうへ目を向けているほうが美しく見えます。

す。新郎新婦も列に加わり両家両親とともに主催者として、ゲストに集まってくれたお礼と今後のつき合いを願う言葉を述べます。しんみりせずに、明るくさわやかな雰囲気が好まれます。

謝辞で締め、新郎新婦が音楽とともに盛大な拍手を受けて退場し、親は一旦ドアが閉まったあとにそっと退場するのが一般的。受けとった花束などをどこに置くかなど式場スタッフに確認し、お見送りの列に加わります。ひと息つく間もなくすべてのゲストが退出するまで立ちっぱなしですが、スピーディかつ丁寧にひとりずつ感謝を伝えましょう。

◆ 謝辞の位置・姿勢 ◆

〈立つ姿勢〉

ハンドマイクを持つ場合とスタンドマイクの前に立つ場合があります。一般的な式場ではオンになった状態で案内されるので、マイクのスイッチを探したり「あ、あ」とマイクチェックをしたりせず、順番が来たらためらわずに話しはじめるほうがエレガントです。マイクに頼りすぎず大きめにゆっくり話し、謙虚で心のこもった感謝を表現しましょう。

check!

披露宴の締めで親が確認すること

- □「花嫁の手紙」あり・なし
- □贈呈（花束か記念品か）あり・なし
- □謝辞　誰から？　順番は？
- □退場の仕方（タイミングは？　どこから？）
- □お見送りの場所
- □お見送り時　プチギフト あり・なし

◆ 花束贈呈と謝辞の並び方（例）◆

〈花束贈呈〉

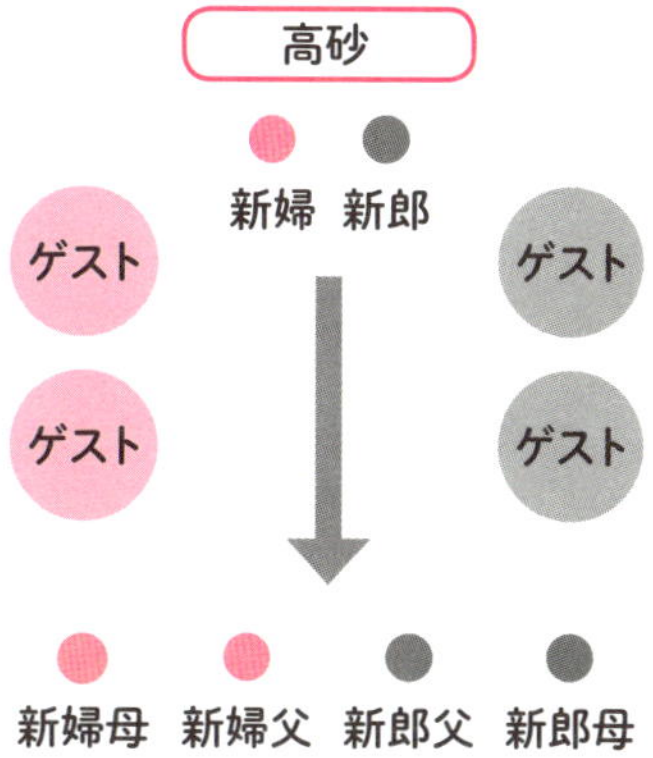

〈謝辞〉

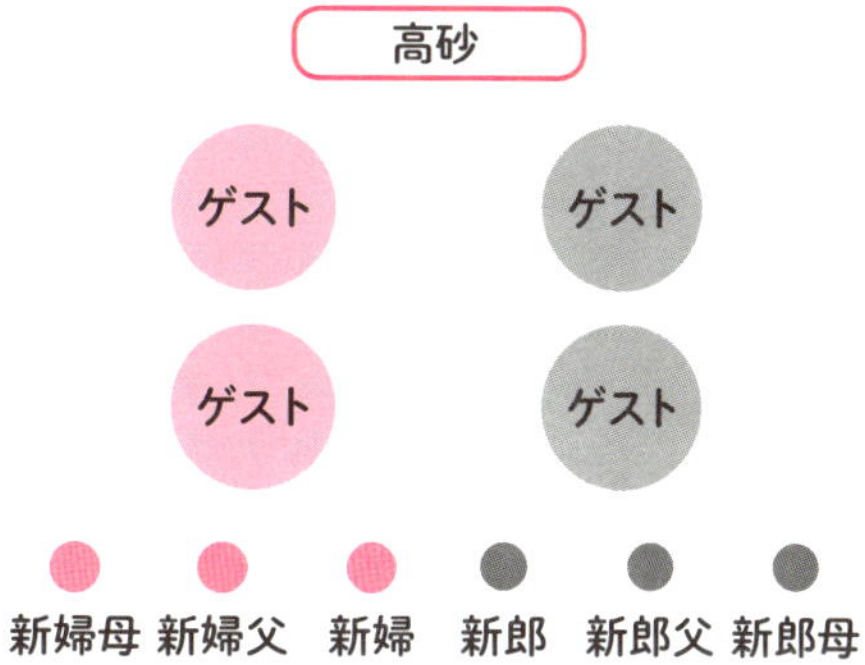

式場の慣習やデザインなどによって異なります。父親と母親のどちらが内側でも格などに関係するものではないので、特別な希望がなければ式場の決まりに従いましょう。自主的に並ぶのではなく式場スタッフに案内されるので困る場面はないはずですが、事前の見学時に聞いておくとイメージできて安心です。

お見送り、披露宴後

◆ 媒酌人はハイヤー（タクシー）乗り場まで ◆

媒酌人は専用の控え室でお待ちいただき、用意したハイヤーの乗り場（式場玄関）まで両家そろって見送ります。事情によってできない場合には、両親や式場スタッフと事前に相談しましょう。

check!

帰る前に親がすること

- □ 新郎新婦の代わりに持ち帰るものの確認 あり・なし
- □ ご祝儀の管理 あり・なし
- □ 衣裳・レンタル品の返却
- □ 相手の親にあいさつ
- □ 式場スタッフ・担当ウエディングプランナーにあいさつ

◆ お見送りの立ち位置 ◆

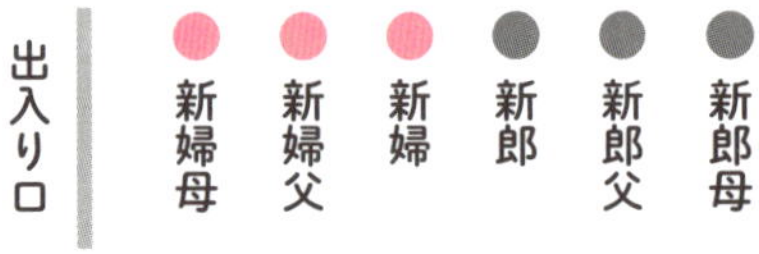

式場の慣習やデザインなどによって異なります。特別な希望がなければ式場の決まりに従いましょう。

◆ プチギフトの渡し方 ◆

ものによって渡し方が異なります。新郎が持ったかごから新婦がとって渡したり、協力している感じと、スピーディかつ丁寧な渡し方であるよう意識しましょう。親の分がある場合、受け渡しは式のあとに。

わが家の場合 MEMO

第4章

親と子それぞれの新生活

結婚式・披露宴をすませ、新生活を迎える子どもたち。
独立した家庭ではありますが、必要なアドバイスをしつつ、
子どもたちとも相手の家庭とも、よい関係を築いていきましょう。

結婚式後のお礼、あいさつ

お世話になった人には親からもお礼のあいさつを

結婚式がすみ、親も本人たちも、ほっとひと息つきたいところですが、まずはその前に、お世話になった方々へのお礼はしっかりしておきましょう。

基本的に本人たちがするべきですが、なかなか手が回らないものなので、とくにお世話になった人や親とかかわりのある人、親族には親からもお礼の連絡を。「お礼状」にこだわらず、電話や訪問など相手に合ったスタイルで伝えるのがいまどきです。

媒酌人のいる場合、本来なら両家の親と本人たちが媒酌人宅へ出向いてお礼をするものですが、最近では結婚式当日にそろってお礼を手渡したり、どちらか、かかわりのある親が後日訪問したりするなどケースバイケースです。子どもたちだけで訪問する場合には、先に親からお礼状を出しておくと丁寧でしょう。

子どもたちは夫婦となり、独立した家庭となったので、親が主導権を握ることのないように。しかし、本人たちが望めば、積極的にサポートし、誰にどのようにお礼を伝えたか共有し、連携しておくと、今後の人づき合いの指針となります。

リアルな親の Question

こちら側の親族には親が改めてお礼状を出すべきですか？

A. なにかしらの手段でお礼を伝えましょう

本人たちから封書でお礼状を出すのが理想ですが、多忙で難しい場合は、挙式後1～2週間以内に、親から電話やはがき、仲のよい人ならメールなどで、出席のお礼を出しましょう。結婚式の写真ができたら、焼き増しして、手紙と一緒に送るとよいでしょう。誰にどう連絡したか子どもたちと共有して。

挙式後に親がやるべきこと

翌日	□式場等、相手との費用精算	相手の親との間で結婚費用の精算がある場合は、日をあけずにすみやかにすませておきましょう。立て替えてある費用の精算も忘れずに行ないましょう。
	□レンタル品の返却・精算	新郎新婦が新婚旅行などに出かけ、自分たちで返却できない場合は、期日内に返却できるようサポートを。
2〜3日後	□お祝い金の整理	誰からいくらいただいたのかリストにしておくと、今後のつき合いの参考として役立ちます。
	□媒酌人へのお礼・あいさつ	挙式後に出向いて改めてお礼を伝えます。親が出向かずに本人たちだけが行く場合は、親からお礼状を出しましょう。
1週間以内	□お礼状の発送	親の知人に披露宴でスピーチなどをお願いした場合や、遠方から来てくれた親戚などに、お礼状を出しましょう。
1カ月以内	□内祝の手配（親の関係）	予期せずいただいた場合は、早めに両家名、またはいただいた家の名前で内祝ののしをかけてお返しを。

本人たちから頼まれたら

□ 披露宴のビデオや写真の整理　□ 新居への荷物搬入　□ 新居への郵便物等保管など

◆ お礼状の文例 ◆

●お世話になった人へ

謹啓　すがすがしい新緑の候となりましたが、お変わりなくおすごしのこととお喜び申し上げます。

　先日は娘の結婚式にご参列いただき、さらにお心のこもったスピーチまで賜り、心よりお礼申し上げます。スピーチでお話しくださった、相手を思いやる気持ちの育て方に、若いふたりはとても感銘を受けたようでございます。私どもまで、胸が熱くなる思いでございました。きっとこれからの結婚生活、石田様のお話を糧に、ふたりでがんばっていくことと存じます。どうぞこれからも、娘夫婦を温かく見守っていただけますようお願い申し上げます。

　ふたりが新婚旅行から戻りましたら、改めてごあいさつにうかがいます。

　季節の変わり目ですので、どうぞお体を大切になさってください。

略儀ながら書中にてお礼申し上げます。

謹白

お祝い返しと結婚通知

内祝は本人から1カ月以内を目安に

結婚式に招待していない人からお祝いをいただいた場合のお返しを「内祝」といいます。いただいたお祝いの半額程度、いただいた日または結婚式後1カ月以内にお返しするのが目安です。

品物は、結婚式の引出物を多めに手配しておくか、いただいたタイミングや親しいつき合いなど関係性によって選びます。

親の知人からいただいたものであれば、子どもの名前で親からお返しをしてもかまいません。この場合も新郎の氏名と新婦の名前で内祝の「のし」をかけます。手渡しのほうが丁寧ですが、配送で送ってもよいでしょう。配送依頼人は親の住所と名前にします。

結婚通知はタイミングに注意

結婚通知は、写真ができていて、発送準備に無理のない時期で、結婚式後2カ月以内に送ります。

暑中見舞いや年賀状の時期に合わせて、結婚式前撮りの写真を使ったり、写真なしの結婚通知を送ったりする場合もあります。

SNSに掲載する場合は、子どもたち、両家でタイミングをそろえましょう。

リアルな親のQuestion

内祝は半返しといいますが、高価なお祝いの場合も半額程度のものでしょうか。

A. 半額は目安。気持ちよく選んで

内祝の価格は、いただいたお祝いの半額程度が一般的ですが、厳密に金額にこだわる必要はありません。お祝いもお返しも「気持ち」なので、お互いが損した気持ちにならないように、選ぶことが大切です。高価なお祝いをいただいた場合、半額に満たないものでもかまいません。気持ちをこめてお返ししましょう。

内祝のマナー

◆ 内祝のお礼状文例（親が出す場合）◆

吹く風に秋が感じられる頃となりました。佐田様におかれましては、お変わりなくおすごしのことと拝察申し上げます。

　このたびは長女果歩の結婚に、お心のこもったお祝いの品をいただき、誠にありがとうございました。ふたりは○月○日にハワイで式を挙げ、美しい海と空のもと、新しい人生を歩みはじめました。親族のみの挙式でしたので、お招きすることができず、たいへん失礼をいたしました。

　ささやかではございますが、内祝として、心ばかりの品をお贈りさせていただきます。ご笑納ください。

　未熟なふたりではございますが、どうぞこれからも、一層のご指導を賜りますよう、心よりお願い申し上げます。

　末筆ながら、ご家族の皆様のご健康とご多幸をお祈り申し上げます。

◆ 内祝の表書き ◆

のし紙は紅白の結びきりのものを。表書きは「内祝」。名前は新郎の氏名とその左側に新婦の名前を入れるのが一般的です。

Point!

複数名でお祝いをもらったら

職場など大勢からのお祝い返しには、個包装のやや高級なお菓子などを。学生時代のグループなどには、ひとりずつハンカチやお菓子など相手の負担にならない品物を選びましょう。

不公平にならない配慮を

結婚式に招待しなかった方からのお祝いは、タイミングも金額もバラバラになりがち。しかし、内祝はあまり細かく分けず、引出物と同じ品物にするなど、不公平にならないよう配慮します。

◆ 年賀状に子どもの結婚を知らせるひと言を添える場合の文例 ◆

あけましておめでとうございます
旧年中は大変お世話になりありがとうございました
本年も変わらぬおつき合いをよろしくお願い申し上げます

昨年11月に長男健人が結婚いたしました。相手は高校の同級生で、市内に新居をかまえます。親としては、ほっとひと安心です。

今年も一年お元気で。

またお会いできる日を楽しみにしています。

子ども夫婦とのつき合い方

同居する場合はお互いを尊重して

結婚後すぐに親と同居をするケースは、かなり少なくなっています。たとえ親が望んだ同居であっても、はじめのうちは子ども夫婦に気をつかって疲れてしまうかもしれません。世代も育ってきた環境も違うため、些細《ささい》なことが目についついて、つい小言が出てしまうこともあるでしょう。自分がそうであるなら、相手もきっと同じように思っているものです。お互いを尊重して、無理なおしつけや干渉をしないよう心がけましょう。

ひとつの家族となったわけですが、気持ちとしてはふたつの夫婦が同じ屋根の下で暮らしているといったスタンスのほうが、お互いに気持ちが楽になるはずです。

最初に生活のルールを決めておく

同居をはじめると、毎日の生活のなかで、少なからずストレスがたまるものです。これからはじまる同居生活をスムーズにするためには、最初に基本的なルールを決めておきましょう。

生活費などお金の問題、炊事・掃除・洗濯などの家事の問題などは、最初に決めておかないと、あとからはなかなか決めにくいもの

リアルな親の
Question

子どもの結婚相手が好きになれません。無理にでもつき合うべきですか？

A. 無理をしないで、時間をかけてつき合いを

子どもの結婚相手とすぐに仲よくできれば理想的ですが、あせって距離を縮めたり、理解したふりをしたりする必要はありません。「なんとなく好きではない」という先入観や苦手意識をもたないようにして、ゆっくりと時間をかけて向き合っていきましょう。子どもの選んだ相手なのですから、信頼してみてください。

です。ましてや、何かわだかまりができてからでは、スムーズに話し合うことができません。

ルールを決めるというと、家族なのにかたくるしいと感じるかもしれません。しかし、お互いが気持ちよく生活していくためには、とても大切なことです。

近所へのあいさつは親子で一緒に

同居する場合は、近所に親子であいさつに回ります。母親と子ども夫婦、または母親と嫁だけで、家族全員そろわなくてもOKです。

左右の隣家と向かい、マンションの場合は上下といわれていますが、地域の慣習や親しくしている家などを考え、親が判断する範囲でかまいません。自治会にも紹介しておくと安心です。

Point!

同居生活のルールを決めておく

- **基本的な生活スタイルを決める**
  食事は一緒に食べるのか、誰が準備するのか、入浴時間なども話し合っておきましょう。
- **生活費の分担を決める**
  水道光熱費や電話代など、共有する費用の支払い方法についても相談をしておきましょう。
- **共有スペースの使い方や掃除の分担を決める**
  玄関やリビング、キッチン、浴室など、決めておかないと一方ばかりがやることになります。
- **プライバシーを守る**
  共有スペース以外の部屋に無断で入らないようにしましょう。
- **今までのやり方にこだわらない**
  これまでの家事の方法など、自分がしてきたことを子ども夫婦におしつけないようにしましょう。新しいルールを双方で相談して決めることが大事。
- **最低限の予定は伝え合う**
  旅行や帰宅が遅い日は、お互い事前に伝えることにしておきましょう。余計な心配をかけず、必要なサポートを得られるよう相談を。

◆ 親との同居状況 ◆

別居	95.8%
夫の親との同居	2.8%
妻の親との同居	1.4%

新生活準備調査 2016（リクルートブライダル総研 調べ）

住宅状況などから、同居できる環境は少なくなってきています。親が同居を希望する場合には、通勤や子育てなど、利点を挙げて相談してもよいでしょう。

Point!

近所へのあいさつ回り

子ども夫婦が引っ越してきたら、近隣へあいさつを。その際は、「御挨拶」と名字ののしをかけた、タオルなど1,000円以下の生活用品を持参します。親と顔見知りの場合には、お菓子など日もちのする食べものでもよいでしょう。

同居しない場合も心配しすぎない

子ども夫婦が目の届かないところに行ってしまうと、食事はちゃんと食べているだろうか、仲よくやっているだろうかと、何かと心配になるかもしれません。親心ですが、子どもにとっても、大人になるために必要なプロセスといえます。そして、いくら心配でも、むやみに電話をしてあれこれ聞き出したり、頻繁に訪問して家のことに口出ししたりするのは控えるようにしましょう。新生活をはじめた夫婦を、遠くから見守ることが大切です。もし、何か相談されたり、頼まれたことがあったら、そのときは自分たちのできる範囲で協力してあげればよいのです。

結婚前とあとで、子どもとの距離感を大きく変える必要はありませんが、自分の子どもとだけ頻繁にやりとりをしていると、相手にはこそこそしている印象を与えてしまうこともあります。

親子として改めて、子どもたちは夫婦として、信頼関係を築く大事な期間なので、相手を気づかうことが大切です。お互いに心地よい距離感をつかむまでは、踏みこみすぎないことを心がけましょう。

子ども夫婦の家を訪問するときは、必ず事前に連絡をしてからにします。親子とはいえ、予告なしの訪問はマナー違反。新居を見て回ったり、勝手に家事をするのも控えましょう。

近所づき合いをアドバイス

若い夫婦は、あまり近所づき合いを重要視していないかもしれません。しかし、所帯をかまえて生活するとなると、近所とのつき合いも必要になってきます。引っ越し先では両どなりと向かいの3軒、集合住宅ならば両どなりと上下の4軒にあいさつするよう、すすめましょう。その際は、500円から1000円程度のタオルや石けんなど、あとに残らない消耗品をあいさつの品として持参します。表書きには「御挨拶」として、子ども夫婦の姓を書きます。

近所づき合いのスタートは、あいさつです。自分から進んで「おはようございます」「こんにちは」などのあいさつをするよう、アドバイスしてあげるとよいでしょう。ゴミ出しや騒音などの最低限のマナーや気配りについて、折りに触れて教えてあげることも大切です。

Point!

子ども夫婦とよい関係を保つコツ

● **独立した家庭として尊重する**

心配だからと、用もないのに連絡するのはやめましょう。もちろん、ちょこちょこ顔を出すのも控えます。

● **夫婦を平等に扱う**

自分の子どもだけに会ったり、家に呼んだりするのはやめましょう。会うときは夫婦セットでが原則です。

● **訪問するときは早めに連絡する**

子どもの家は、もう別の家庭です。遅くとも2日前までに連絡するなど、訪問のマナーを守りましょう。

● **ふたりの生活に介入しない**

予定を細かく聞いたり、お金のことを詮索したりと、夫婦の生活に踏みこむのは控えましょう。

check!

子ども夫婦にいってはいけないNGフレーズ

□ **「みんなそうしている」**

子ども世代は、この言葉にダメージを受けがち。とくに貯金、仕事などは、人によって考え方が違うもの。

□ **「あなたたちのことを思って」**

本当に子どものためでも、自分の考えをおしつけることになりかねないので注意を。

□ **「私たちの頃は」**

親世代の「常識」が、現在では変わっていることも。時代によって、常識も変化すると考えて。

□ **「早く孫の顔が見たい」**

知らぬ間にプレッシャーを与えていることがあるので、孫の話題は要注意。

◆ 夫婦の親に対する意識 ◆

夫の親

好き	77.0%
好きではない	6.5%

妻の親

好き	91.3%
好きではない	0.7%

新生活準備調査 2016（リクルートブライダル総研 調べ）

「好きになりたい」という思いがベースにあれば、理解できないことがあったとしても、話し合ったりすることで、良好な関係を築けるよう、お互いに努力できるでしょう。

相手家族とのつき合い方

子どもを通じた節度ある関係を

子どもたちの結婚によって、相手の親や親族とのつき合いがはじまります。親戚づき合いの深さは、その家庭によって違うもの。自分たちが親戚とのかかわりが深いからといって、相手家族もそうとは限りません。その反対もあります。これからの長いつき合いを考えると、最初から無理はしないことがポイント。子どもたちから相手方の様子を聞きつつ、距離をおいたつき合いをしましょう。

つき合いは、冠婚葬祭や、年賀状など季節のあいさつが中心となります。お中元やお歳暮のやりとりは、何年かたつとやめにくくなるので、子どもを通じて、早いうちにどうするかを決めておくとよいでしょう。季節の農作物や高価な品など、同等のお返しが難しい場合には、できる範囲の品でかまいません。お礼状に加えて、子どもを通じて「今後はお気づかいなく」と伝えるなど、丁寧な対応を。

こちらが子ども夫婦と同居していたり、近くに住んでいたりする場合は、どうしても相手の親のほうが疎遠になりがちです。お盆休みや年末年始に子ども夫婦が帰省するときには、相手の家族を優先させるなどの配慮が必要です。

リアルな親の Question

年賀状を出す習慣がないのですが、相手家族に伝えたほうがよい？

A. 無理のないかたちで出しましょう

相手家族が楽しみにしている可能性もあり、年に一度のことなので、合わせるのが無難でしょう。「やめましょう」と申し出るのは、失礼にあたり、おすすめできません。どうしても抵抗があるなら、クリスマスカードや寒中見舞いで対応を。子ども夫婦の写真をポストカードにして一筆添えるだけでもじゅうぶんです。

◆ 祝儀・不祝儀の金額の目安 ◆

結婚祝い	招待されていない場合 1～3万円
	夫婦で招待された場合 5万円～
引っ越し	5,000円～3万円
出産	1万円～
入学・進学	3,000円～1万円
お中元・お歳暮	3,000円～5,000円

葬儀（相手の親）	3万円～
法事	5,000円～1万円
お見舞い	3,000円～5,000円

結婚以外

花結び

結婚

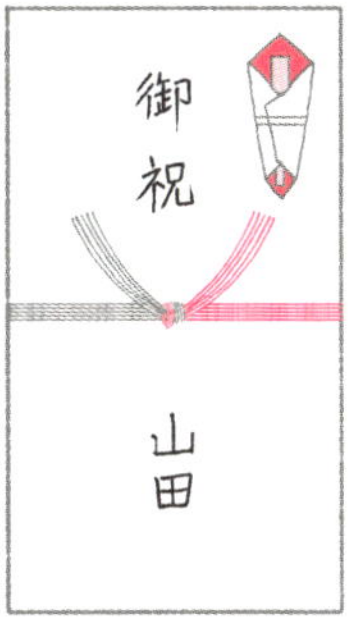

結びきり

出産や入学など、繰り返してもよいお祝いは花結びの水引を、結婚のように繰り返さないほうがよいお祝いは結びきりの水引を使います。

check!

冠婚葬祭の考え方

- □ 相手の家族が結婚するときは、招待されていなくてもお祝いを贈りましょう。
- □ 葬儀のときは、可能な限り参列しましょう。
- □ こちらの冠婚葬祭で相手方からしてもらったことは、同じように返しましょう。
- □ こちらのルールや慣習をおしつけないようにしましょう。

Point!

あまり気負わず自然に

無理をすると、それがストレスになってしまいます。子ども夫婦を間にはさんで、気負わないつき合いをしていきましょう。

- 両家は対等の関係であると心得ましょう。
- 季節のあいさつは欠かさないようにしましょう。
- 相手の家族が疎遠にならないよう、気づかいを忘れずに。

子ども夫婦の妊娠・出産

赤ちゃんのことは温かく見守る

孫の誕生は、どちらの親にとっても待ち遠しいもの。しかし、昔よりも不妊に悩む夫婦は増えています。「早く孫の顔を」といった発言は、子ども夫婦を追いつめることになるので要注意。自然にまかせて、見守るようにしましょう。

おめでたの知らせを受けたら、一緒に喜び、赤ちゃんを迎えるために、できる限りのサポートをしたいものです。しかし、よかれと思ってあれこれ口を出したり、自分の考えをおしつけることのないように気をつけなくてはなりません。自分たちが子どもを生み育てた時代と、妊娠中の健康管理や子育ての常識はだいぶ変わっているからです。

息子の相手が里帰り出産をする場合は、息子も一緒にあいさつに行き、相手の親に「よろしくお願いします」ときちんとあいさつをして、生活費として3～5万円程度を渡すのが礼儀です。子ども夫婦は親の行為に甘えがちですが、親しいなかにも礼儀が必要であることを教えておきましょう。

子育ては夫婦の考えを尊重する

夫婦共働きの場合、孫を預かる

リアルな親のQuestion

初孫なので、できたら命名したいのですが、子どもに相談してよい？

A. **子どもの考えを尊重して**

子ども夫婦も、誕生するわが子のために熱心に考えており、昔のように祖父母が命名することは少なくなっています。親がわが子に命名したときのエピソードとともに、希望する漢字や画数などを伝えると、子どもの参考になるかもしれません。自分で命名できなくても、決まった名前はもちろん喜んで受け入れて。

機会も出てきます。孫かわいさから、甘やかしがちになりますが、孫の生活のペースを乱さないように配慮し、ゲームを好きなだけやらせてしまう、ごはんよりもほしがるお菓子ばかりを与えるといったことのないように。子ども夫婦の教育方針を尊重して、守るべきことは守るようにしましょう。

孫の気を引くプレゼント攻めはタブー

孫に会いたいがために、休みのたびにたずねていったり、子ども夫婦を家に呼ぶのは控えましょう。孫に会う機会は、できれば両家が平等にもてることが理想です。

孫の気を引くプレゼント作戦もよくありません。何かプレゼントをするときは、子ども夫婦にひと言相談してからにしましょう。

親がしてあげたい妊娠・出産のお祝いごと

	内容、お祝い品・金額の目安
帯祝い（妊娠５カ月）	●妊娠５カ月の戌《いぬ》の日に、妊婦が腹帯を巻き、安産を祈願します。女性側の実家が岩田帯を贈るのが一般的。 ●男性側の親からは、「御帯《おんおび》祝」、女性側の親からは「帯祝」として、5,000円～１万円
出産祝い	●無事に赤ちゃんが誕生したことを祝います。 ●「祝御出産」として１～10万円
お七夜（生後７日目）	●生まれて７日目に、赤ちゃんの名前を決めて、すこやかな成長を願います。命名式を行ない、祝い膳を囲みます。 ●「御酒肴《ごしゅこう》料」として5,000円～１万円
お宮参り（生後１カ月頃）	●赤ちゃんをはじめて氏神様にお参りさせ、成長を願います。赤ちゃんは男性側の祖母が抱くのがならわしですが、今は両親が抱くことが多くなっています。 ●「祝お宮参り」または「御祝」として5,000円～１万円
お食いぞめ（生後100日前後）	●一生食べるものに困らないようにとの願いをこめて、祝い膳を用意し、赤ちゃんに食べる真似をさせる儀式。 ●「祝御食初」として5,000円～１万円
初節句（１歳前）	●男の子は５月５日、女の子は３月３日に行なう、はじめての節句。女性側の家からひな人形や五月人形を贈るならわしがありましたが、最近ではこだわりません。 ●現金の場合、「初節句御祝」として５～10万円
初誕生（満１歳）	●満１歳の誕生日のお祝い。昔から、満１歳の誕生日は特別なものとして祝う習慣がありました。 ●現金よりも、必要なものを子ども夫婦に聞いて贈るようにします。5,000円～１万円

親と子ども それぞれの新生活

子どもの結婚を機に自分たちも新たな一歩を

これまで子どもを育てることで一生懸命だったことでしょう。そんな手塩にかけて育てたわが子が結婚し、巣立っていったわけですから、ほっとしたり、寂しく感じたり、さまざまな感情が去来していると思います。まだまだ心配で、手がかかることもあるかもしれませんが、子ども夫婦のがんばりを期待して、そっと見守っていきましょう。

子どもの結婚は、親の今後の生活を見つめ直すよい機会です。平均寿命も延び、子育てを終えたあとの、この先の人生はまだまだ長く続いていきます。自分の健康のために、自分の生きがいのために、何をしたいかを考えてみましょう。ずっと仕事を続けてきた人は、いずれ定年を迎えます。今からでも自分なりの時間の楽しみ方を見つけておくとよいでしょう。

「終活」という言葉があるように、自分のエンディングについて考えることも大切です。先の話だと思うかもしれませんが、いろいろと動け、考えられる今だからこそ、できる準備もあります。あとになって、子ども夫婦に迷惑がかからないよう、部屋の整理を少しずつ進めたりすることも必要です。

リアルな親のQuestion

実家に子ども部屋が残っており、荷物がたくさん！整理してほしいのですが。

A. 期限を決めて、片づけるように伝えましょう

結婚して新居をかまえたのに、まだ実家に荷物がそのままというケースは少なくありません。もし部屋を有効活用したいと考えているなら、すぐにというのは難しいでしょうから、夏休みのあとまでにとか、年末までにといったように、期限を決め、それをすぎたらこちらで整理すると、子どもに伝えてみましょう。

この機会に将来を考える

◆ 親も子離れしてよい ◆

結婚したといっても、何かと親を頼ってくる機会はあることでしょう。もちろんサポートできる部分は助けてあげるべきですが、それが自分の生活の中心にならないようにしたいもの。親も子離れして、自分の将来を考えてみましょう。定年後に田舎暮らしをしたい、日本の温泉めぐりをしたいなど、夢をもつことも大切です。

100 歳まで生きる時代、自分の時間をもっと楽しめる計画を立てたいものです。

check!

今後の人生を考えてみよう

□ **将来的に子どもと同居するかどうか**

二世帯住宅の新築、今の家のリフォームなど、将来の居住状況によって変わってきます。子ども夫婦がどう考えているかを、聞いておくとよいでしょう。

□ **老後の生活設計をどうするか**

定年後に備えて、老後の資金についてしっかりと計画を立てておきましょう。

□ **孫への援助をどうするか**

孫の教育費などを親が負担する場合、どの程度の予算をとっておくべきか、子ども夫婦の考えを含めて相談しておきましょう。

Point!

孫に依存しない祖父母に

孫はかわいくて目に入れても痛くないとはよくいいますが、孫のことばかりが自分の楽しみのすべてになってしまうのは考えものです。頻繁に会いに行ったり、電話をかけたりしていては、子ども夫婦も負担に思うことでしょう。ついつい、孫の教育方針にも口を出したくなってしまい、トラブルにもなりかねません。もちろん、孫に恵まれ、孫を大切に思うことは、すばらしいことです。でも、友人と旅行に行く、趣味のガーデニングに没頭するなど、孫や子ども夫婦に依存しないように、自分の気持ちを外に向けることが、親子ともに円満な家庭生活を保つ秘訣となるかもしれません。

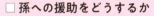

著者
岡村 奈奈 おかむらなな

ウエディングプランナー。音大卒業後、専門式場などの婚礼施設勤務を経て2005年にフリーに転向。執筆や監修、メディア出演多数。オーソドックスなスタイルから、アウトドアや音楽ホール等でのユニークなウエディング、伝統的な和婚までオールマイティに対応する、フリーランス・ウエディングプランナーのパイオニア的存在。著書に『WEDDING IDEAS BOOK ～ウエディングプランナーが教える、結婚式と準備が“もっと”楽しくなる方法』(誠文堂新光社)。

結婚《けっこん》する子《こ》どものために 親《おや》がすること、できること

2018年12月20日　第1刷発行

著　者　岡村奈奈《おかむらなな》
発行者　中村　誠
印刷所　株式会社文化カラー印刷
製本所　大口製本印刷株式会社
発行所　株式会社 日本文芸社
〒101-8407　東京都千代田区神田神保町1-7
TEL 03-3294-8931(営業)　03-3294-8920(編集)

Printed in Japan　112181201-112181201 Ⓝ 01 (050020)
ISBN978-4-537-21640-0
URL https://www.nihonbungeisha.co.jp/

(編集担当　藤澤)

STAFF

カバー・本文デザイン・DTP
SPAIS(宇江喜桜、熊谷昭典)

イラスト
関 祐子
(カバー、序章、第1章、第4章)
岡本典子
(第2章、第3章、アイコンイラスト)

執筆協力
宇田川葉子

校正
株式会社 夢の本棚社
(河野道子)

編集制作
株式会社 童夢